the nail place: müde Füße munter machen
Vinus and Marc: in schummrige Baratmosphäre abtauchen
Courtyard New York: mit Beinfreiheit übernachten

Kultur 88 • Shopping 94 • Restaurants & Cafés 98
Wellness 102 • Ausgehen 104 • Übernachten 108

Upper West Side 112
Links vom Central Park

Yankee Stadium: die nationale Baseball-Begeisterung hautnah erleben
Century 21: im Schnäppchenparadies günstig Marken abstauben
Jacob's Pickles: in der Shoppingpause leckere Snacks kosten
Orchard Beach: am Sandstrand chillen
Smoke: richtig guter Live-Musik lauschen
NYLO New York City: in industriell-modernem Ambiente nächtigen

Kultur 116 • Shopping 122 • Restaurants & Cafés 126
Wellness 132 • Ausgehen 136 • Übernachten 140

Brooklyn und Queens 142
Von Williamsburg bis Flushing

Brooklyn Historical Society Museum: Brooklyns Ursprünge ergründen
Bergen Street Comics: in andere Welten eintauchen
Maison Premiere: Austern schlürfen im New York der 1920er-Jahre
Cynergy Spa: sich wie neugeboren fühlen
Verboten: zu verboten guten Techno-Vibes abgehen
Box House Hotel: in einem hippen Tempel absteigen

Kultur 146 • Shopping 150 • Restaurants & Cafés 156
Wellness 160 • Ausgehen 164 • Übernachten 170

New York von A bis Z 176

Register Straßennamen 185
Register Sehenswürdigkeiten 187
Impressum 188

New York, New York!

Willkommen in der Stadt der tausend Möglichkeiten!

Endlich reist Ihr nach New York? Glückwunsch! Ihr werdet begeistert sein. Diese Stadt wird nie langweilig. Sie ist eine Metropole der Superlative. Ob Ihr Kultur sehen wollt oder lieber shoppen geht, ob Ihr Euch in das pulsierende Nachtleben stürzt oder es lieber ruhig angehen lasst, Ihr kommt auf Eure Kosten: beim Schlendern durch die schönen Straßen des West Village in Manhattan oder Park Slope in Brooklyn, bei einem Strandbesuch in Coney Island, einem Picknick im Central Park oder einer entspannenden Wellnessbehandlung.

Über acht Millionen Menschen leben in New York City, im Großraum New York sind es sogar fast 19 Millionen. Die Stadt ist in fünf Bezirke, die sogenannten Boroughs, eingeteilt: Manhattan, Brooklyn, die Bronx, Staten Island und Queens. Die meisten Sehenswürdigkeiten sind in Manhattan. New York ist auch exzentrisch, elitär und sehr, sehr schnell. Ich habe knapp drei Jahre in New York gelebt und gesehen, wie Hunde Gassi getragen werden, wie jede Frau zur Maniküre geht und jeder zweite Mann. Ich habe für eingelegte Gürkchen im Biomarkt zehn Dollar gezahlt, mittags auf der Promenade von Brighton Beach Hippie und Omi zu einem Ghettoblaster tanzen gesehen. Wenn man in New York gefragt wird, wie es einem geht, sagt man nicht »gut«, sondern »I am so busy!« Erst dann ist man ein richtiger New Yorker.

Die vielen Tipps für Park-, Garten- und Strandbesuche sind bewusst in die Rubrik »Wellness« aufgenommen: Denn New York ist anstrengend; ab und zu solltet Ihr Euch eine Auszeit gönnen. Nicht von der Stadt selbst, sondern von ihrer Hektik, den Massen an Menschen und dem Lärm, besonders in Midtown Manhattan.

In New York weiß es jeder besser: wo es zum Beispiel den besten Burger gibt, die tollste Wurst, die knackigste Kunst. Eine Stadt wie diese vereint so vieles in sich und trennt zur gleichen Zeit. Sie saugt die unterschiedlichsten Menschen und Lebensentwürfe auf, ist Mittelpunkt für Kultur und Wirtschaft, hat im Zentrum Manhattans eine der größten Milliardärsdichten der Welt und gleichzeitig Ecken, die so arm sind, dass die Bezeichnung Ghetto keine Übertreibung ist. Keine Angst, die Adressen in diesem Reiseführer liegen alle in Gegenden, in die man unbesorgt gehen kann. Trotzdem gilt: Ihr solltet niemals leichtsinnig sein, auf nächtliche Spaziergänge durch Parks oder verlassene Gegenden verzichten. Ansonsten ist New York mittlerweile eine der sichersten Städte der USA. Die Stadt ist ein Mythos. Und sie ist so groß, dass man dort seine eigenen Schätze finden kann.

New York ist auch eine der teuersten Städte der Welt. Trotzdem werdet Ihr vieles unternehmen können, was nichts oder nur wenig kostet. Viele Restaurants bieten ein gutes Preis-Leistungs-Verhältnis, Bars haben Happy Hours, Tickets für Veranstaltungen gibt es verbilligt im Voraus, in Museen muss man an bestimmten Tagen nur so viel zahlen, wie man kann. Informiert Euch im Voraus einfach auf der Website. Und nehmt einen (fast) leeren Koffer mit: New York ist ein Shoppingparadies! (Marken-)Klamotten kosten viel weniger als in Deutschland. Und die Auswahl wird Euch umhauen. Es lohnt sich also, hier zuzuschlagen. Auch Smartphones, Kameras und Tablets sind günstiger.

Ihr werdet sehr viele unterschiedliche Menschen sehen. Das Punkermädchen sitzt in der U-Bahn neben dem Börsenmakler, der orthodoxe Jude neben dem mexikanischen Einwanderer. New York bietet ein einzigartiges Klima der Freiheit und Toleranz. Die berühmten Stadtteile Chinatown, Harlem, Little Italy oder Brooklyn tragen dazu bei. Bunter und magischer kann eine Stadt nicht sein – und Ihr seid mittendrin: Welcome to New York!

Downtown Manhattan

Vom Financial District über Chinatown und Little Italy bis zum West Village – szenig, exotisch, abwechslungsreich

Der Süden Manhattans birgt eine Vielseitigkeit, die es auf einer solch kleinen Fläche wohl nirgendwo gibt. Finanzzentrum, Chinatown, Little Italy, Schwulenviertel, Avantgarde und Schickimicki: Es wird nie langweilig. Am Pier 17 des Southstreet Seaport kann man fast noch die Fische riechen, die auf dem rund 200 Jahre alten Markt einst verkauft wurden – und heute shoppen gehen. Bei einem Spaziergang durch Chinatown erlebt man den »Schmelztiegel der Kulturen«. Handtaschen-Fakes, lebende Frösche in großen Plastiktonnen, kantonesisches Stimmengewirr: Wir sind in China. Und das liegt nur einen Katzensprung entfernt von der Wall Street, dem Weltfinanzzentrum mit seinen gestressten Börsenmaklern.

Alternativer geht es im Greenwich Village zu, der Heimat von Bohemiens, Musikern und Schriftstellern und Spielplatz der Underground-Kultur von New York City. In der Grove Street erinnern Sandsteinhäuser aus dem 19. Jahrhundert, baumgesäumte Straßen und alte Jazzclubs daran, dass New York City nicht nur aus Hochhäusern und Büros besteht. Die Lower East Side bietet ebenfalls fast vergangenes Rock-'n'-Roll-Gefühl. Auch SoHo erlebte viele Veränderungen: Einst Industriegebiet mit gusseisernen Gebäuden und Kopfsteinpflaster, wurde es Heimat der Künstler-Community. Heute ist es eines der teuersten Wohn-, Einkaufs- und Ausgehviertel New Yorks.

Im Washington Square Park geht es quirlig zu: Studenten der berühmten NYU (New York University) machen Kaffeepause, Hippies sitzen im Gras und spielen Gitarre, Schachspieler grübeln über dem nächsten Zug und Straßenkünstler unterhalten die Besucher. Kaum zu glauben, dass hier etwa 20 000 Menschen begraben liegen, die während der Gelbfieberepidemien im 18. und 19. Jahrhundert gestorben sind.

Kultur

Während rund um die City Hall die Regierungsgeschäfte laufen, findet Ihr in SoHo die Avantgarde. In den 50ern lockten günstige Mieten für Industrielofts Künstler an. In Chinatown, der größten asiatischen Gemeinde außerhalb Asiens, sprechen mehr als 100 000 Menschen chinesisch. Die Lower East Side wurde Anfang des 20. Jahrhunderts von einer Million Juden bewohnt. In den 60ern noch voller Junkieabsteigen, ist die »LES« heute szenig und alternativ, das East Village punkig, Greenwich Village intellektuell, und das West Village lauschig. In Chelsea befanden sich früher Lager für Kurzwaren, heute Galerien. Trendig ist auch der Meatpacking District. Um 1900 standen hier 250 Schlachthöfe und das Blut floss im Rinnstein.

✶ 9/11 Memorial and Museum

Eins der traurigsten Monumente der Welt ist Ground Zero. Das Mahnmal und Museum erinnert an die Opfer der Terroranschläge am 11. September 2001 und des Bombenanschlags von 1993 auf das World Trade Center. Es befindet sich auf dem Ground Zero, dem Platz, an dem 2001 die Türme in sich zusammenstürzten. Sehr bewegend.

200 Liberty St • Subway Cortland St (R), Fulton St (4, 5) • +1 212/312 8800 • www.911memorial.org • Tgl. 10–20, Jan–März 10–18 Uhr • $ 24

✶ Ellis Island, Immigration Museum

Kein Wunder, dass Ellis Island auch »Insel der Tränen« genannt wurde: ein schlechter Gesundheitszustand, die falsche politische Gesinnung und Mittellosigkeit waren Kriterien, um jemanden wieder nach Hause zu schicken. Dieses

Don't miss

New Yorks Kunstgalerien! Verschafft Euch einen Überblick über die Kunstveranstaltungen der Woche und geht auf eine der vielen Vernissagen oder Performing Events. Termine findet Ihr z. B. unter www.villagevoice.com/art

harte Los wird anhand vieler Beispiele veranschaulicht. 3000 Menschen beginnen Selbstmord, weil das »land of the free« sie abwies. Das **Museum** ist groß: Bringt Zeit mit.

17 Battery Place, Fähre Battery Park bis Ellis Island • Subway Bowling Green (4, 5), Whitehall St (R), South Ferry (1) • +1 877/523 9849 • www.ellisisland.org • Tgl. 9–17 Uhr • Eintritt frei, die Fähre kostet $ 18

✱ Gagosian Gallery

Eine der größten Galerien für **zeitgenössische Kunst** auf der Welt mit Filialen u. a. in London, Moskau, Hongkong, L.A und dreien in New York. Der Besitzer Larry Gagosian gehört zu den Top Ten der Kunstwelt.

555 West 24th St • Subway 23 St (C, E) • +1 212/741 1111 • 2. Filiale: 522 West 21st St • Subway 23 St (C, E) • +1 212/741 1717 • www.gagosian.com • Di–Sa 10–18 Uhr • Eintritt frei

✱ Jonathan LeVine Gallery

Eine Galerie, die sich dem letzten Schrei widmet: Viel **Underground**, viel Comic, viele Street-Art-Künstler und Ausstellungen, die sich zwischen Illustration und Kunst bewegen, oft mit sozialkritischem Inhalt, aber auch bunte, verrückte, witzige Arbeiten, die den Kunstbegriff erweitert haben.

↑ *Statt elitärer Langeweile und alter Schinken gibt es in der Jonathan LeVine Gallery coole Kunst und flippige Ausstellungen. Sehr hip!*

529 West 20th St, 9th floor • Subway 23 St (C, E) • +1 212/243 3822 und 557C West 23rd St • Subway 23 St (C, E) • +1 212/242 2731 • www.jonathanlevinegallery.com • Di–Sa 11–18 Uhr • Eintritt frei

✱ Museum of Chinese in America

1980 gegründet, präsentiert das MOCA **Geschichte und Kultur Chinas** und die vielfältigen Erfahrungen von Menschen chinesischer Abstammung in den Vereinigten Staaten. 160 Jahre chinesisch-amerikanische Geschichte werden hier lebendig.

Downtown Manhattan

215 Centre St • Subway Canal St (N, R, Q, J, Z, 6) • +1 212/619 4156 • www.mocanyc.org • Di, Mi, Fr–So 11–18, Do 11–21 Uhr • $ 10

✳ New Museum

Die allerneuesten Entwicklungen der **internationalen Kunst** werden in diesem 1977 gegründeten Museum gezeigt. Die Architektur ist ebenfalls beachtenswert: klinisch weiße, aufgetürmte Kuben inmitten der quirligen Lower East Side mit ihren engen und schiefen Wohnhäusern, an denen der Zahn der Zeit nagt.

235 Bowery • Subway Bowery (J, Z) • +1 212/219 1222 • www.newmuseum.org • Mi 11–18, Do 11–21, Fr–So 11–18 Uhr • $ 16

✳ New York Stock Exchange (NYSE)

Wall Street ist der Inbegriff für Macht, Gier und Geld. Hier könnt Ihr gestresste Börsenmakler in teuren Anzügen am Handy beobachten: Die New York Stock Exchange (NYSE) ist die größte **Wertpapierbörse** der Welt. Der neoklassische Bau mit seiner schönen Fassade ist eines der meistfotografierten Gebäude der Welt.

11 Wall St • Subway Wall St (2, 3) • +1 212/656 3000 • www.nyse.com

✳ Sex and the City-Tour

Für Fans der Serie *Sex and the City* ist die dreistündige Tour ein spannendes Erlebnis. Es werden **zahlreiche Originalschauplätze** besucht oder vom Bus aus erklärt. Im Busfernseher laufen Serienausschnitte und eine humorvolle Moderatorin führt durch die Tour. Natürlich ist auch eine Verköstigung der berühmten Cupcakes der Magnolia Bakery inklusive und ein Cosmo in Aiden's Bar.

Treffpunkt wird bei Ticketkauf bekannt gegeben • Subway 34 St–Herald Sq (N, Q, R) • +1 212/209 3370 • www.onlocationtours.com • $ 40

✳ Skyscraper Museum

Kleines, aber lohnenswertes Museum u. a. mit Miniaturwolkenkratzern aus aller Welt: Interessant für alle, die sich für **Architektur, Design und Technologie** interessieren. Und natürlich für New York, die Wiege aller Wolkenkratzer.

Don't miss

Einen Spaziergang auf der Wall Street: Lasst das geschäftige Treiben der New Yorker Banker auf Euch wirken und bestaunt den bronzenen Stier vor der Börse, der die Macht des Geldes symbolisiert.

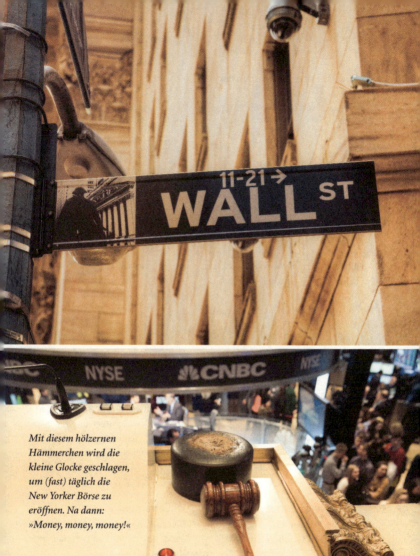

Mit diesem hölzernen Hämmerchen wird die kleine Glocke geschlagen, um (fast) täglich die New Yorker Börse zu eröffnen. Na dann: »Money, money, money!«

39 Battery Place • Subway Bowling Green (4, 5) • +1 212/968 1961 • www.skyscraper.org • Mi–So 14–18 Uhr • $ 5

✶ South Street Seaport
Denkmalgeschützte **Hafengegend** mit alten Handelshäusern und Segelschiffen aus dem 19. Jahrhundert, einem maritimen Museum und sehr hübschen Shopping- und Einkehrmöglichkeiten.

199 Water St • Subway Wall St (2, 3) • +1 212/732 8257 • www.southstreetseaport.com

✶ St. Paul's Chapel
1764 eröffnet, ist sie die **älteste noch genutzte Kirche** in Manhattan. Schon Präsident George Washington hat in der im georgianischen Stil gebauten Kirche gebetet.

209 Broadway • Subway Fulton St (2, 3, 4, 5, A, C) • +1 212/602 0800 • Mo–Sa 10–18, So 7–18 Uhr

✶ Statue of Liberty
DAS **Wahrzeichen** New Yorks. Die Fähren verkehren täglich zwischen 8 und 16 Uhr zwischen Battery Park und Liberty Island. Die Überfahrt dauert 30 Minuten. Wenn Ihr

↑ *Eigentlich ist in Manhattan kein Platz für die Toten, es ist einfach zu eng! Früher war das anders, zu sehen auf dem kleinen Friedhof der Trinity Church.*

nicht von Touristenmassen erdrückt werden möchtet, plant Euren Besuch frühmorgens.

Fähre Battery Park, 17 Battery Place • Subway Bowling Green (4, 5), Whitehall St (R), South Ferry (1) • +1 877/523 9849 • www.statuecruises.com • $ 18

✶ Tenement Museum
Dieses Museum »zum Anfassen« besteht aus einer Reihe restaurierter

Die bekannteste Dame New Yorks: die Freiheitsstatue

Was für eine Frau! Die beeindruckende »Lady Liberty« (offiziell Liberty Enlightening the World, s. links) wurde 1886 eingeweiht. Sie war das Symbol für Freiheit und Neubeginn für Millionen Einwanderer, die mit dem Schiff nach wochenlanger Reise über den Atlantik in New York ankamen und sich über ihren Anblick freuten.

Sie war übrigens ein Geschenk der Franzosen zum 100. Jahrestag der Gründung Amerikas. 21 Jahre wurde an ihr gearbeitet. Neben dem Bildhauer Fréderic-Auguste Bartholdi war Gustave Eiffel daran beteiligt, der Erschaffer des Eiffelturms, auch wenn »Lady Freiheit« nur wenig Ähnlichkeit mit der berühmtesten Pariser Sehenswürdigkeit hat: Die Freiheitsstatue hat zum Glück mehr auf den Rippen. Aber hoch ist sie auch. Mit einer Figurhöhe von 46,05 Metern und einer Gesamthöhe von 92,99 Metern gehört sie zu den größten Damen (und Statuen) der Welt. Heute ist sie eines der New Yorker Highlights und sogar innen begehbar, denn wir wissen ja: Bei uns Mädels zählen auch die inneren Werte.

Mietshauswohnungen in der Orchard Street 97, die nur bei einer Führung besichtigt werden können. Tickets werden im Besucherzentrum in der Orchard Street 108 verkauft. Kostümierte »Bewohner« geben Einblicke in das harte Alltagsleben der Einwanderer.

103 Orchard St • Subway Delancey St (F), Delancey–Essex Sts (J, Z, M) • +1 212/982 8420 • www.tenement.org Tgl. 10–18 Uhr • $ 25

✱ **Trinity Church**
Die 1846 erbaute Kirche im neugotischen Stil ist eine der ältesten New Yorks und war damals mit ihren 87 Metern das höchste Gebäude Manhattans. Heute wirkt sie geradezu winzig im Vergleich zu den umliegenden Hochhäusern.

74 Trinity Place • Subway Wall St (4, 5) • +1 212/602 0800 • www.trinitywallstreet.org

Shopping

Von Ramsch bis Schick, von schräg bis fein könnt Ihr im Süden Manhattans die verrücktesten Dinge kaufen. In der breiten Canal Street und ihren engen Seitenstraßen findet Ihr die pulsierende Hauptschlagader Chinatowns mit gefälschten Markenhandtaschen und -sonnenbrillen, Spielzeug, Dessous und jeglichem Schnickschnack für wenige Dollar. Als eine der hübschesten Einkaufsstraßen der Welt gilt die Bleecker Street: Sie erstreckt sich vom westlichen Meatpacking District bis zur östlichen Bowery. Von Secondhand bis zum neuesten Designtrend gibt es hier Boutiquen und Läden, in denen Ihr etwas Besonderes jenseits der üblichen Marken erwerben könnt. Schöne Cafés und Bars für eine Pause finden sich genügend, falls Euch die Einkaufstüten zu schwer werden sollten.

✷ Aedes de Venustas

Opulente Teppiche, güldene Tapeten und beeindruckende Kronleuchter – Ihr fühlt Euch wie in Paris: Parfums, Kerzen und Lotionen verströmen **edle Düfte** und sind natürlich käuflich zu erwerben.

9 Christopher St · Subway Christopher St–Sheridan Sq (1) · +1 212/206 8674 · www.aedes.com · Mo–Sa 12–20, So 13–19 Uhr

✷ Alexis Bittar

Handgemachtes Schmuckdesign aus Brooklyn: Wenn Ihr nach einem Schmuckstück sucht, das nicht aussieht wie aus dem Kaufhaus, dann ist der Goldschmied Alexis Bittar genau der Richtige, um Euch einen Hingucker ans Ohr oder den Finger zu zaubern. Mal ganz schlicht, mal opulent.

353 Bleecker St · Subway Christopher St–Sheridan Sq (1) · +1 212/727 1093 · www.alexisbittar.com · Mo–Sa 11–19, So 12–18 Uhr

✷ Bluestockings

Wenn Ihr genug vom schnöden Konsum habt, besucht diesen kleinen Schatz: Feminismus und Anarchie in **Buchform** gibt es hier. Genießt Kontroverses und Intellektuelles über Gesellschaft, Gender und Homosexualität bei frischem Kaffee und Keksen.

172 Allen St • Subway 2 Ave (F) • +1 212/777 6028 • www.bluestockings.com • Tgl. 11–23 Uhr

✴ C.O. Bigelow

1838 eröffnet, ist Bigelow die **älteste Drogerie Amerikas**. Ob Lippenpflege, Bodylotion oder Haarpomade: Noch heute führt sie Produkte, die ein bisschen »old school« sind, in nostalgischen Verpackungen, aber auch Bioprodukte für Haut und Haar. Hier findet Ihr Marken, die es sonst nirgendwo (mehr) gibt.

414 6th Ave • Subway Christopher St–Sheridan Sq (1) • +1 212/473 7324 • www.bigelowchemists.com • Mo–Fr 7.30–21, Sa 8.30–19, So 8.30–17.30 Uhr

✴ Converse

Die guten alten Chucks sind der Klassiker an den Füßen von Jungs und Mädchen! Dieser Laden führt die verrücktesten und die klassischsten Designs dieser **Turnschuhe**, die (fast) jeder besitzt. Und sie sind so viel günstiger als in Deutschland!

Literatur für die kämpferische Frau: Im Buchladen Blue Stockings kann man sich das nötige Rüstzeug für jede Genderdebatte zulegen. Frauenpower! →

560 Broadway • Subway Prince St (N, R) • +1 212/966 1099 • www.converse.com • Mo–Fr 10–20, Sa 10–21, So 11–19 Uhr

✴ Economy Candy

Schlaraffenland für Zuckerschnuten! Ihr findet **Süßigkeiten**, wohin Ihr nur blickt in diesem winzigen, bunten und absolut charmanten Laden.

108 Rivington St • Subway Delancey St (F) • +1 212/254 1531 • www.economycandy.com • So–Fr 9–18, Sa 10–18 Uhr

✴ Kunsthandwerk in SoHo

Lokale **Künstler** und Kunsthandwerker säumen die Straßen, um Schmuck, Filz- oder Strickmode, Bilder, Kunstobjekte, Kunsthandwerk, hübschen und hässlichen Schnickschnack anzubieten, der sich auch gut als Mitbringsel eignet.

6th Ave, Broadway, Houston St, Lafayette • Subway Spring St (6), Prince St (N, R) • Tgl.

✶ Muji

Moderner Import **praktischer und schöner Dinge** aus Japan in minimalistischem Design. Hier findet Ihr Schul- und Bürobedarf, Küchenbedarf, Kleidung, Kosmetik und Hautpflege. Riesenauswahl an Schreibwaren. Viele schwören auf die Muji-Stifte mit ihren feinen Spitzen in allen Farben und die Notiz- und Zeichenblöcke.

455 Broadway • Subway Spring St (6) • +1 212/334 2002 • www.muji.us • Mo–Sa 11–21, So 11–20 Uhr

✶ Pearl River Mart

Chinatown in a Box! Der Pearl River Mart ist mit Abstand das **größte Geschäft in Chinatown**. Kleidung, Teekannen und Sake-Sets, Lampions, Sonnenschirme und Tee aus China: Es dürfte schwer sein, hier ohne einen Zufallskauf heraus zu kommen. Großartige Mischung aus asiatisch inspiriertem Schnickschnack und praktischen Dingen für wenig Geld.

477 Broadway • Subway Spring St (6) • +1 800/878 2446 • www.pearlriver.com • Tgl. 10–19.30 Uhr

✶ Stella Dallas

Das Stella Dallas bietet zwar nicht die allerbilligsten, aber die **ganz besonderen Kleider** (zum Beispiel aus den 40er-Jahren): zukünftige Lieblingsstücke, die im herkömmlichen Secondhand-Store kaum zu finden sind. Ein Laden, in dem man sich ein besonders feines Stück für das spezielle Event aussucht. Oder eine Handtasche. Die Auswahl ist riesig!

218 Thompson St • Subway West 4 St (A, B, C, D, E, F, M), Broadway–Lafayette St (B, D, F, M) • +1 212/674 0447 • Tgl. 12.30–19.30 Uhr

✶ Strand

Die Schatztruhe für alle New Yorker **Buchliebhaber**: Strand behauptet, 29 Kilometer Bücher im Laden stehen zu haben: alles von gebraucht bis neu, selten, sehr selten oder Bestseller. Vor allem in den Bereichen Grafik, Kunst und Fotografie viel Auswahl. Hier kriegt man leicht einen verregneten Samstag herum – und ein paar neue alte Bücher.

Don't miss

China Town: Ihr müsst ja nichts kaufen (werdet aber ...), aber ein Streifzug durch diese wilde Mischung aus Touri-Ramsch, exotischen Lebensmitteln, günstigen Haushaltswaren und allem, was man so braucht oder nicht braucht, ist großartig. Und Ihr seid dabei (fast) in China!

828 Broadway • Subway Union Square (4, 5, 6, L, N, Q, R) • +1 212/473 1452 • www.strandbooks.com • Mo–Sa 9.30–22.30, So 11–22.30 Uhr

✴ The Dressing Room

Ausgehen oder Shoppen? Warum nicht beides: Diese schicke Boutique hat eine Bar, zeigt Filme und lässt DJs aufspielen; da kann man sich gleich vor Ort das richtige Outfit zum Cocktail dazukaufen. Alle vier Monate wechselt die Riege der **lokalen Modedesigner**, die hier verkaufen, und ständig kommen neue Ladungen feinster Secondhandklamotten rein.

↑ Wer sagt, dass Shoppen anstrengend ist? Im Dressing Room kann man gemütlich Cocktails schlürfen und dabei Geld für junge Designermode verjubeln.

75a Orchard St • Subway Delancey St (F) • +1 212/966 7330 • www.thedressingroomnyc.com • Di–Sa 13–0, So 13.30–20 Uhr

✴ The Ink Pad

Zeichenblöcke mit niedlichen Umschlägen, Stempel mit witzigen Motiven, **Kärtchen, Blöcke, Briefpapier**, Bastelbögen und alles, was aus Papier und besonders schön gestaltet ist, gibt es ier zu kaufen. Der Besitzer ist übrigens ein ehemaliger Highschool-Lehrer: Er hat sicher früher hübsche Fleiß-Stempel verteilt!

37 7th Ave • Subway 14 St (A, C, E) • +1 212/463 9876 • www.theinkpadnyc.com • Mo–Sa 11–19, So 12–18 Uhr

✴ UrbanSpace Meatpacking Food

Reizender **Markt** unter der Highline, nicht nur für Kulinarisches, sondern auch für Handgemachtes, Schmuck, Kerzen, andere Accessoires und Klamotten. Sehr praktisch: Picknickstühle und Tische, die zum Pausieren und Leuteschauen einladen. Auf einer gigantischen Tafel dürft Ihr Euch mit Kreide verewigen und kreativ austoben.

829 Washington St • Subway 8 Ave (L) • +1 212/633 0185 • urbanspacenyc.com • Mo–Fr 11–20, Sa 11–22, So 12–21 Uhr

Restaurants & Cafés

New Yorker lieben ihren Brunch am Wochenende! Nachbarn, Cliquen und Pärchen genießen gemeinsam und quatschen. Wenn Ihr einen Brunch in typischer New Yorker Nachbarschaft und mit schrägen Charakteren erleben wollt, dann sind die Lower East Side und das East Village dafür genau das Richtige. Man trinkt nicht nur Kaffee, sondern einen typischen Brunch-Cocktail, zum Beispiel einen Mimosa (Sekt mit Orangensaft) oder eine Bloody Mary. Toll und preiswert essen kann man auch in Chinatown. Neben der pulsierenden Canal Street ist die Mott Street durch schöne chinesische Lokale und Geschäfte geprägt. Teuer, aber dafür exklusiv und szenig esst Ihr im Meatpacking District mit seinem industriellen Charme.

✷ Butter Lane

Hier gibt es **Cupcakes**, die die besten New Yorks sein sollen; also Törtchen mit Zuckercreme in allen Farben, die die chemische Industrie je hervorgebracht hat. Sieht reizend aus, knirscht zwischen den Zähnen. Gibt's zu jedem Geburtstag und wird dann gern mit ins Büro gebracht, wo mindestens drei Damen quietschen: »Cupcakes??? I looove Cupcakes!!!« Knirsch!

123 East 7th St • Subway Astor Place (6), 1 Ave (L), 2 Ave (F) • +1 212/677 2880 • www.butterlane.com • Mo–Do, So 11–22, Fr, Sa 11–12 Uhr

✷ Doughnut Plant

Der **Doughnut**: frittierter Teigkringel, eine Art Berliner oder Pfannkuchen mit Loch drin statt Füllung. Dafür aber nett dekoriert mit kalorienreicher Glasur aus Zuckerguss in Pink oder Schoko oder mit Streuseln in Regenbogenfarben. Doughnut Plant ist bekannt für seine hausgemachten, köstlichen Kringel.

Don't miss

Einen Bummel durch Chinatown, der Euch in eines der vielen asiatischen Restaurants führt: günstig und gut.

220 West 23rd St • Subway 23 St (1, 2) • +1 212/505 3700 • www.doughnutplant.com • Mo–Fr 7–22, Sa, So 8–22 Uhr

✴ Eileen's Special Cheesecake

Seit 1975 wird Eileen Avezzanos herrlicher **hausgemachter Käsekuchen** in diesem charmanten SoHo-Shop verkauft. Die extra-krümelige, superbutterkeksige Kruste ist ein Highlight.

17 Cleveland Place • Subway Spring St (6) • +1 212/219 9558 • www.eileenscheesecake.com • Mo–Fr 9–21, Sa, So 10–19 Uhr

✴ Fat Witch Bakery

Bekannt für ihre **Brownies**, Schokoladenkuchen à la USA – saftig, schokoladig, innen knautschig, außen mit einer knuspernden, karamellisierten Kruste. Sieht aus wie ein Ziegelstein, schmeckt aber viel besser! Häuser kann man daraus nicht bauen, aber wenn man zunehmen will, sind Brownies eine schöne Art, das zu tun. Mancher mischt Erdnussbutter in den Teig. Angeblich wurde der Brownie durch einen glücklichen Unfall erfunden: Beim Backen eines Schokoladenkuchens wurde schlichtweg das Mehl vergessen.

75 9th Ave • Subway 14 St (A, C, E) • +1 212/807 1335 • www.fatwitch.com • Mo–Sa 10–21, So 10–20 Uhr

✴ Frankies Spuntino

Feiner Käse, geräucherter Schinken, Salate und andere **Leckereien** begleiten nicht nur ein gutes Glas Wein, sondern sind für viele der Grund, in diese gemütlich kleine Bar zu kommen. Meistens ist es hier recht voll.

17 Clinton St • Subway 2 Ave (F) • +1 212/253 2303 • www.frankiesspuntino.com • Mo–Do, So 11–23, Fr, Sa 11–0 Uhr

✴ John's of Bleecker Street

Meine **Lieblingspizza** in New York! Und nicht nur meine: Bei Stars und Normalos ist diese Pizza beliebt seit 1929. Rustikal-charmante Einrichtung, inklusive der obligatorischen Fotos mit Autogrammen von Stars, die hier glücklich Pizza gegessen haben. Tipp: Bestellt Euch zu zweit eine Pizza – sie ist groß genug. Oft muss man in der Schlange auf einen Platz warten.

278 Bleecker St • Subway West 4 St (A, C) • +1 212/243 1680 • www.johnsbrickovenpizza.com • Mo–Do 11.30–23.30, Fr 11.30–0, Sa 11.30–1.30, So 12–23.30 Uhr

Downtown Manhattan

✳ Katz's Delicatessen
Dieser klassische **jüdische Feinkostladen** mit Restaurant ist einer der berühmtesten, und berühmt sind auch die Leute auf den unzähligen Fotos und Autogrammkarten an den Wänden. Hier sollte jede New-York-Besucherin einmal saure Gurken und ein Pastrami-Sandwich gegessen haben.

205 East Houston St · Subway Lower East Side–Second Ave (F) · +1 212/254 2246 · www.katzsdelicatessen.com · Mo, Di 8–21.45, Mi, Do, So 8–10.45, Fr, Sa 8–2.45 Uhr

✳ Magnolia Bakery
Für Liebhaberinnen **süßer Backwaren** ist ein Besuch der bekannten Magnolia Bakery ein Muss. Vor allem die Cupcakes werden immer wieder gelobt. Aber auch Leckereien wie den Banana Pudding sollte man ruhig probieren.

401 Bleecker St · Subway West 4 St (A, B, C) · +1 212/462 2572 · www.magnoliabakery.com · So–Do 9–23.30, Fr, Sa 9–0 Uhr

✳ Orlin
Toll zum Brunchen. **Amerikanische Spezialitäten** werden hier mit orientalischem Einschlag serviert. Diesen netten Laden gibt es bereits seit 33 Jahren und er ist sehr beliebt. Pünktlich kommen, sonst lange Wartezeiten. Auch schön zum Draußensitzen. Brunch Specials am Wochenende ab 12 Dollar. Es schmeckt hier auch mittags und abends.

41 St. Marks Place · Subway Astor Pl (6) · +1 212/7777 1447 · www.cafe orlin.com · Mo–Do 9–0.30, Fr 9–1.30, Sa 8.30–1.30, Brunch Sa, So 9–16 Uhr

✳ Ramen Setagaya
Ob im tiefsten Winter oder im heißesten Sommer – *Spicy Miso Ramen* aus dieser kleinen **japanischen Suppenküche** ist die perfekte Suppe für beide Jahreszeiten und für die dazwischen. Garantiert gesund und gut für die Figur.

34 St. Marks Place · Subway Astor Pl (6) · +1 212/387 7959 · www.ramen setagayany.com · So–Do 12–23, Fr, Sa 12–0 Uhr

---

Geht gar nicht
Wenn Ihr in der Lower East Side oder dem West Village brunchen wollt, dann geht nicht zu spät los, um Schlangen und langes Warten zu vermeiden.

Aber bitte mit Sahne! Und Zucker! Und Butter! Amerikanische Backwaren sind kein Diätessen und die aus der »Magnolia Bakery« ein echtes »Zuckerschlecken«.

✶ Rockmeisha Izakaya
Exzellente Mischung aus japanischen und amerikanischen Gerichten, dazu eine sehr gute Auswahl an Sake und Bier. Die berühmte *Ramen* (japanische Suppe) ist besonders zu empfehlen – die Brühe wird aus Schweinefüßen gekocht. Warum? Weil es schmeckt.

11 Barrow St • Subway West 4 St (A, B, C, D, E, F, M) • +1 212/675 7775 • www.rockmeisha.com • Di–So 18–0 Uhr

✶ Schiller's
Ob zum **Brunch**, **Dinner** oder auf einen Drink – das quirlige Schiller's ist ein Muss: Gute Küche, die nostalgischen alten Kacheln schaffen eine schöne Atmosphäre und es gibt die Möglichkeit, den einen oder anderen Promi zu treffen. Selbst die Preise sind zivil.

131 Rivington St • Subway Delancey St (F) • +1 212/260 4555 • www.schillersny.com • Mo–Do 11–1, Fr, Sa 10–3, So 10–0 Uhr

✶ Shake Shack
Legendäre **Burger** im Park, für die sich die New Yorker gerne in die Schlange stellen. Als Belohnung kann man die saftige Versuchung unter lauschigen Bäumen genießen.

Madison Square Park (am Ausgang Süd-Ost) • Subway 23 St (N, R) • +1 212/889 6600 • www.shakeshack.com • Tgl. 11–23 Uhr

✶ The Meatball Shop
Bau dir dein Essen! Hier könnt Ihr auswählen, ob Schwein, Hähnchen oder Rind, welche Sauce, welches Brötchen, und fertig ist das perfekte **Fleischbällchen-Häppchen** auf Italienisch. Auch Pasta und mehr.

84 Stanton St • Subway 2 Ave (F) • +1 212/982 8895 • www.themeatballshop.com • So–Do 12–2, Fr, Sa 12–4 Uhr

Die Straßen, auf denen einst Bob Dylan sang

Ihr startet am Triumphbogen des Washington Square Park, wo sich die Studenten der NYU tummeln. Von hier geht es die Sullivan Street entlang und in die Bleecker Street, eine beliebte Straße mit Boutiquen, Restaurants, Bars und Clubs. In den 60er-Jahren war sie das Paradies für Folk Musik; Bob Dylan spielte hier. An der Mercer Street geht Ihr rechts über die West Houston Street bis zur Spring Street: Die schönen Cast-Iron-Gebäude SoHos mit ihren gusseisernen Fassaden sind aus Lagerhäusern und Fabriken entstanden. In den 60ern wurden dort riesige Lofts von Künstlern und Studenten zum Wohnen und Arbeiten genutzt.

Entlang der Spring Street lohnt es sich, in die kleinen Straßen abzubiegen, wo es viele Möglichkeiten zum Shoppen oder Kaffeetrinken gibt. Wenn Ihr die Spring Street weiter entlanggeht, erreicht Ihr bald die Mulberry Street, das Zentrum von Little Italy – Letzteres war einst viel größer, wurde aber bis auf diesen kleinen Rest von Chinatown geschluckt. Geht Ihr rechts die Mulberry Street bis zur Canal Street entlang, macht Ihr eine Reise vom Dolce Vita Italiens hinein ins quirlige China.

Links die Bowery hoch, verliert sich die chinesische Atmosphäre und Ihr seid in der Lower East Side, einst Zentrum der Avantgarde. Rechts geht es in die West Houston Street vorbei am berühmten »Katz's Delicatessen« (S. 28). Auf der Avenue A biegt Ihr links Richtung Tompkins Square Park ab, dem Herz des East Village und legendären Ort der Hippies in den 60ern und Punks in den 80ern, mit seiner turbulenten Geschichte des Aufstands gegen geplante Säuberungsaktionen im Jahr 1988. Gönnt Euch eine Pause im »Odessa« (119 Avenue A) und genießt danach noch die lockere Atmosphäre entlang St. Marks Place.

Wellness

Girls, Ihr seid in der Stadt, die niemals schläft. Und sicher tut Ihr das auch nicht, Ihr besucht schließlich New York. Der Adrenalinspiegel ist bei Euch erhöht, die Schlafquote gesenkt? Ein Grund, sich etwas Entspannung zu gönnen. Aber Wellness muss nicht immer ein Gesichtspeeling oder ein Saunabesuch sein. Wie wäre es stattdessen mit einem gepflegten Five o'Clock Tea in »Lady Mendl's Tea Salon«? Oder einer kostenlosen Bootstour? Einem Spaziergang über die Brooklyn Bridge oder auf der High Line? Gerade das vibrierende Lower Manhattan bietet tausend Möglichkeiten, Körper und Seele zu verwöhnen. Natürlich auch mit einer richtig coolen Maniküre mit Cocktail in der schrägen »Beauty Bar«.

✻ Aire Ancient Baths

Einem altgriechischen Badehaus nachempfunden, bietet dieser kerzenbeleuchtete, noble **Spa** einen Badezyklus wie zu Cäsars Zeiten; warm, heiß, kalt, salzig, mit Dampf ... dazu wird Tee gereicht.

88 Franklin St • Subway Canal St (J, Z, N, Q, R, 6) • +1 212/274 3777 • www.ancientbathsny.com • Tgl. 9–23 Uhr

✻ Fox and Jane

Pediküre mit heißer Schokolade? Kein Witz, sondern eine sehr pflegende **Fuß- und Handbehandlung** mit anschließendem Farbauftrag auf alle Nägelchen in den Farben der Saison. Promis bekommen hier außerdem den letzten Schliff für ihre Frisuren. Und Ihr auch, wenn Ihr mögt.

154 Orchard St • Subway Lower East Side–Second Ave (F) • +1 646/415 8187 • www.thefinishingbar.com • Di–Sa 11–20, So 11–19 Uhr

✻ High Line Park

Stillgelegte Hochbahnstrecke, die zum modernen Park umgewandelt wurde. Sie führt quer durch SoHo mit seinen

Don't miss

Einen Spaziergang auf der Brooklyn Bridge: an der Station Brooklyn Bridge–City Hall (4, 5, 6) aussteigen, sich etwas zu trinken kaufen und auf der anderen Seite im Fulton Ferry State Park chillen.

15 Clinton St • Essex St (J, M, Z) • +1 212/260 6992 • www.kroppsand bobbers.com • Mo–Sa 11–21, So 12–20 Uhr

✻ Lady Mendl's Tea Salon

Tee trinken wie die Queen of England? Dazu müsst Ihr nicht nach London reisen. In Lady Mendl's Teasalon ist die Einrichtung viktorianisch genug. Es werden Tee, Gurkensandwiches und anderen Leckereien in romantischer Atmosphäre serviert. Genau das Richtige, um die Clubnacht am gestrigen Abend Revue passieren zu lassen und die Shoppingtüten für eine geraume Zeit abzusetzen. Gute Brunchalternative.

schönen Backsteingebäuden. Viele hübsche Ausblicke auf die Stadt und in die Wohnungen ihrer Bewohner, die New Yorker Skyline und hinüber übers Wasser nach New Jersey.

Zwischen 10th und 11th Ave. Aufstiege: Gansevoort St, 14th St, West 16th St, West 18th St, West 20th St, 23rd St, West 26th St, West 28th St, West 30th St • Subway 8 Ave (F), 23 St (C, E) • +1 212/206 9922 • www.the highline.org • Tgl. 7–22 Uhr

Union Sq, 56 Irving Pl • Subway 14 St–Union Sq (R, Q, N, 4, 5, 6) • +1 212/ 533 4466 • www.innatirving.com • Mo–Fr 15–17, Sa, So 12, 14.30 und 17 Uhr • 5-Gänge-Nachmittagstee nur mit Reservierung, ab $ 35 pro Person

✻ Kropps and Bobbers

Nicht nur eine **super Frisur** für einen guten Preis gibt es hier, man kann sich auch seine Dreadlocks pflegen und die Nägel machen lassen. Oder ein Facial bekommen, oder, oder, oder.

✻ Mama Spa

Es gibt wenige günstigere **Massagen** in der Stadt. Bei Mama Spa schmelzen die Verspannungen weg wie nichts. Dazu wird eine vollständige Palette von Spa-Dienstleistungen geboten: Aku-

Wenn sich Natur und Urbanität gekonnt verbinden, entsteht ein so beeindruckender Park wie die High Line: schlendern statt hetzen.

punktursitzungen, Anti-Falten-Gesichtsbehandlungen und Jacuzzi, alles zu freundlichen Preisen und auch noch mit Naturkosmetik.

141 Allen St • Subway Bowery oder Delancey St (F, J, M, Z) • +1 212/780 1913 • www. organic mamaspa.com • Tgl. 10–20 Uhr • Massagen ab $ 70

✶ Renew Day Spa

Chinatown ist eher bekannt für seine etwas rumpeligen Salons ohne Flair. Renew Day Spa ist die Ausnahme: nett, gut, günstig. Ein echter Geheimtipp für eine **entspannende Massage**.

42 Bowery • Subway Canal St (N, Q, R, J, Z, 6) • +1 212/227 9488 • www.renew dayspa.net • Tgl. 10–12 Uhr

✶ Sports Center an den Chelsea Piers

Ihr wollt Euch richtig auspowern? In einem der größten **Fitnesscenter** New Yorks mit Blick auf den Hudson gibt es eine Innenlaufbahn, Basketball- und Volleyballplätze, eine Kletterwand, Golf, ein Schwimmbad mit sechs Bahnen, Whirlpool, Spa, Cardio- und Kraftgeräte, Aerobic und Spinning Studios, zwei Dachterrassen und mehr als 125 Sportkurse pro Woche. Die Preise für einen Tagespass variieren, aber billig wird es eher nicht.

Pier 60: 20th St & Hudson River Park • Subway 23 St (C, E) • +1 212/ 336 6000 • www.chelsea piers.com/sc • Mo–Do 5.30–23, Fr 5.30–22, Sa, So 8–21 Uhr

✶ Staten Island Ferry

Einmal mit der Staten Island Ferry von der South Ferry Street nach Staten Island und zurück. Dabei fährst du an der Freiheitstatue vorbei, hast einen **großartigen Ausblick** auf Manhattans Südspitze und Brooklyn, und es kostet dich nur ein Metroticket.

17 Battery Place • Subway Bowling Green (4, 5), Whitehall St (R), South Ferry (1) • www.siferry.com

Don't miss

Einen Spaziergang oder ein bisschen Jogging rund um die Chelsea Piers: schöner Blick aufs Wasser, auf Boote und schöne, schwitzende New Yorker in den Sporthallen.

Ausgehen

Andy Warhol hat in der »LES« schon die wildesten und ausgeflipptesten Parties gefeiert. Das war zwar in den 60ern, aber in der Lower East Side ist immer noch etwas Avantgarde zu spüren: Cafés, Bars und Liveclubs gibt es hier wie Sand am Meer. Im East Village wird es punkig; ein paar legendäre Punkclubs wirken fast schon nostalgisch. Die Clubs und Bars im Meatpacking District sind für die Trendhungrigen von morgen gemacht und sehr schickimicki. Greenwich Village ist für seine feierfreudige, aber auch politische Christopher Street bekannt: Hier regiert der Regenbogen, und Schwule wissen einfach, wie man richtig feiert. Der Flatiron District ist zurückgenommener. Trotzdem gibt es gerade hier angenehme Restaurants, Bars und Möglichkeiten zum Tanzen.

✳ Arlene's Grocery

Arlene's Grocery ist eine **kultige Bar** und eine der ersten Rockbühnen südlich der East Houston Street; oben Hauptbar, unten (kleine) Konzertbühne, wo schon die Strokes aufgetreten sind. Unterschiedliche Veranstaltungen und Themenabende – das ist Rock 'n' Roll!

95 Stanton St • Subway 2 Ave (F) • +1 212/358 1633 • www.arlenes grocery.net • Tgl. 12–4 Uhr • Eintritt oft frei, Konzerte ab $ 10

✳ Beauty Bar

Schräge **Retro-Bar mit Tanzfläche**, günstigen Drinks und eklektischem DJ-Mix, u. a. aus den 60ern und 80ern, Punk und Filmmusik. 50er-Jahre-Beautysalon-Flair mit Trockenhauben an den Wänden. Unter der Woche fast nachbarschaftlich, am Wochenende brechend voll. Special: Maniküre inklusive Drink für $ 10.

231 East 14th St • Subway Union Sq (N, Q, R, 4, 5, 6, L) • +1 212/539 1389 •

Geht gar nicht

Ausgehen am Wochenende: Unter der Woche müsst Ihr seltener Schlange stehen und es ist viel entspannter.

www.beautybar.com • Mo–Fr 17–4,
Sa, So 14–4 Uhr • Eintritt frei

✶ Birreria

Ein **Biergarten auf dem Dach** eines Hochhauses mit Blick auf das Flatiron Building und das Empire State Building. Dazu eine Bierauswahl aus internationalen Sorten und von innovativen Kleinbrauereien aus ganz Amerika. Gutes rustikales Essen gibt's auch.

200 5th Ave • Subway 23 St (N, R) • +1 212/937 8910 • www.eataly.com • So–Mi 11.30–22, Fr, Sa 11.30–22 Uhr

✶ Bowery Ballroom

Ehemaliger Ballsaal und einer der besten Orte, um **Indie-Bands** auf dem Weg nach oben zu sehen, oder welche, die schon oben angekommen sind. Breites Spektrum von Künstlern aus dem In- und Ausland. Gute Sicht und guter Klang.

6 Delancey St • Subway Grand St (B, D), Bowery (J, Z), Spring St (6) • +1 212/533 2111 • www.boweryballroom.com • Tgl. 19–4 Uhr • Eintritt $ 10–25

✶ Cielo

Eine der schicksten Discos in New York, optisch ansprechend, mit Lichterspielen zur Musik. Der **Elektro- und House-**

↑ *Wer auf Indie steht, kommt am »Bowery Ballroom« nicht vorbei, denn hier spielt dessen Crème de la Crème.*

Club befindet sich auf einer Meile, wo sich ein Club an den anderen reiht. Es legen jeden Abend berühmte DJs auf. Der Tanztempel fasst knapp 300 Leute.

18 Little West 12th St • Subway 14 St (A, C, E) • +1 212/645 5700 • Tgl. 22–4 Uhr • Eintritt $ 20

✶ EAR Inn

Die **älteste (Seemanns-)Bar New Yorks** wurde schon Ende des 18. Jahrhunderts gegründet und ist beliebt wie eh und je. Die Bar serviert leckeres Pub-Food (ich empfehle die Miesmuscheln mit Knoblauch!), ist rustikal-gemütlich eingerichtet, im Sommer könnt Ihr auf der Straße Euren Drink genießen und sogar dabei rauchen. Das geht sonst nirgends.

326 Spring St • Subway Spring St (C) • +1 212/226 9060 • www.earinn.com • Tgl. 12–4 Uhr

✴ Flatiron Lounge
Rote Ledersitze, Mahagonitische und globusgroße Lampen machen die stilvolle Lounge im Art-déco-Stil zu einem eleganten Ort für einen **kreativ gemixten Cocktail** vom Spitzenbartender Julie Reiner. Die Bar ist ein Original von 1927.

37 West 19th St • Subway 23 St (F, N, R) • +1 212/727 7741 • www.flatironlounge.com • Mo-Mi, So 17–2, Do-Sa 17–4 Uhr

✴ KGB Bar
Deko à la Kalter Krieg, baltisches Bier und **russische Seele**: Im ehemaligen ukrainischen Vereinsheim lässt es sich gut trinken und feiern. Oft Lesungen bei freiem Eintritt.

85 East 4th St • Subway 2 Ave (F) • +1 212/505 3360 • www.kgbbar.com

✴ Le Poisson Rouge
Tolle Bar, Galerie und nicht zu kleiner **Club mit Konzertbühne** für alles was neu und cool ist, oder alt und immer noch cool. Ebenso hat es sich zu einem bekannten Aufführungsort zeitgenössischer und klassischer Musik gemausert. Dazu gibt es aufregende Kunst. Trendiger Ort, wo samstags auch mal Bingo gespielt wird.

158 Bleecker St • Subway West 4 St (A, B, C, D, E, F, M), Spring St (C, E) • +1 212/505 3474 • www.lepoissonrouge.com • Tgl. 17–2 Uhr • Eintritt je nach Event

✴ McSorley's Old Ale House
McSorley's ist das **älteste irische Pub** (1854) in New York. Vergilbte Zeitungsartikel, verstaubte Bilder, Fotos und die unverwechselbare Atmosphäre dieser Kneipe lassen vermuten, dass sich hier seit 100 Jahren nichts verändert hat. Außer dass seit 1970 auch Frauen Zutritt haben. Also hin!

15 East 7th St • Subway Astor Pl (6) • +1 212/473 9148 • Mo-Sa 11–1, So 13–1 Uhr

Geht gar nicht

Den Ausweis vergessen: Egal wie alt Ihr seid oder ausseht, Ihr werdet ohne Reisepass oder Personalausweis in keine Bar gelassen.

Mercury Lounge

Legendärer Club und Konzertraum, v. a. für durchstartende Indie-Bands; kleine Preise, intime Atmosphäre, nette Bar.

217 East Houston St • Subway 2 Ave (F) • +1 212/260 4700 • www.mercury loungenyc.com • Öffnet tgl. eine Stunde vor Showbeginn • Eintritt je nach Event

Nublu

Nur ein kleines blaues Licht zeigt den Eingang an. Auf der Bühne spielen Musiker aus der ganzen Welt, u. a. Jazz. Die DJs sind ebenfalls sehr vielseitig und experimentell. Auch in diesem kleinen **Club** lebt noch der alte Geist der Lower East Side. Im Sommer könnt Ihr im reizenden Hinterhofgarten chillen. Mittwochs exzellente brasilianische Livemusik.

62 Ave C • Subway 2 Ave (F) • +1 646/ 546 5206 • www.nublu.net • Tgl. 19–4 Uhr • Eintritt je nach Event

PDT

Ein **»Speakeasy«** war eine geheime Kneipe während der Prohibition, als Alkohol komplett verboten war. Das PDT (»Please Don't Tell«) führt diese Tradition fort: Durch eine geheime Tür in der Telefonbox eines Hotdogladens kommt man in die schummrige Bar mit den eigenartigen ausgestopften Tieren an den Ziegelwänden. Sehr gute Cocktails!

113 St. Marks Place • Subway 1 Ave (F) • +1 212/614 0386 • www.pdt nyc.com • So–Fr 18–2, Sa 18–4 Uhr

Plunge

Schickimicki-Bar auf dem Dach des »Gansevoort Hotel« mit Pool und traumhaftem Blick über New Yorks Skyline. Anzugträger, teure aber gute

Fast wie im Himmel! Aber auch die Preise sind hoch. Dafür trinkt es sich in der Plunge Bar überirdisch gut.

Drinks, wie es sich für den Meatpacking District gehört. Wenn Ihr Euch mal reich und schön fühlen wollt, lohnt sich ein Besuch.

18 9th Ave • Subway 8 Ave (L) • +1 212/660 6736 • Tgl. 12–4 Uhr

✶ Pyramid
Legendärer **kuscheliger Club** aus den 1980ern, nicht nur für Drag Queens, Musiker und Künstler, sondern ein Muss für Fans der 80er, von Dark Wave, New Wave und Industrial. Ein Hauch der wilden Lower East Side, wie sie früher einmal war. Getränke sind recht teuer.

101 Ave A • Subway Astor Pl (6), 2 Ave (F), 1 Ave (L) • +1 212/228 4888 • www.thepyramidclub.com • Mo, Di, Do–So 21–4 Uhr • Eintritt je nach Event

✶ The Slipper Room
Der Veranstaltungsort im Cabaret-Stil zeigt **Burlesque** à la New York: fantasievoller Striptease mit Witz und Augenzwinkern. Einfach dem Glitter folgen.

167 Orchard St • Subway 2 Ave (F) • +1 212/253 7246 • www.slipper room.com • Eintritt je nach Event

✶ Webster Hall
Konzertsaal mit guter Akustik (1868 gebaut!), Clubraum und mehreren Floors, der von denselben Leuten wie der »Bowery Ballroom« unterhalten wird. Kleiner, aber ebenfalls mit hochkalibrigen Independent-Musikern und DJs. Drinks sind teuer.

125 East 11th St • Subway Astor Pl (6) • +1 212/353 1600 • www.webster hall.com • Tgl. 22–4.30 Uhr • Eintritt je nach Event

Übernachten

Das wohl berühmteste Hotel im Süden Manhattans ist das legendäre »Chelsea Hotel«, 222 W 23rd Street. Seit 1905 ein Hotel, steht das Gebäude auch wegen seiner schönen Fassade mit den gusseisernen Balkonen unter Denkmalschutz. Salvador Dalí, Thomas Wolfe, Arthur Miller, Jimi Hendrix, Janis Joplin und Falco haben hier schon übernachtet und teilweise gewohnt, als es noch ein familiärer und experimenteller Ort für Künstler war. Sid Vicious, Mitglied der Sex Pistols, hat hier im Drogenrausch seine Freundin erschossen. Leonard Cohen hat in *Chelsea Hotel* die wilden Zeiten dort und seine Liaison mit Janis Joplin besungen. 2011 wurde es von einer Hotelkette übernommen. Ansonsten ist die Lower East Side die perfekte Gegend zum Übernachten, wenn man gerne ausgeht.

✶ A60

Die Zimmer sind für New Yorker Verhältnisse groß und sehr sauber. Netter Service, abwechslungsreiches Frühstück, **zentrale Lage** in Soho. Die Bar neben der Lobby ist ein angesagter Szenetreff mit Dachterrasse und grandiosem Ausblick.

60 Thompson St • Subway Spring St (C, E) • +1 212/431 0400 • www.sixty hotels.com • DZ ab $ 240

✶ Chelsea Highline Hostel

Günstiges, sehr **einfaches Hostel** im Herzen Chelseas. Die unmittelbare Nähe zu Galerien und Bars sind ein Plus, ansonsten darf man nicht zu viel erwarten für den Preis.

184 11th Ave • Subway 23 St (C, E) • +1 212/366 4129 • www.jazz hostels.com • DZ ab $ 70

✶ Chelsea Pines Inn

Sehr **beliebtes Hotel**: gute Lage, nettes Personal, liebevoll eingerichtete Zimmer, leckeres Frühstück und ein gutes Preis-Leistungs-Verhältnis. WLAN und Frühstück sind im Preis inbegriffen.

Don't miss

Einen Blick auf und in das berühmte »Chelsea Hotel« werfen – hier wurden Kunst und Rock 'n' Roll geboren. Leider ist das heute Geschichte.

Hier lebten und liebten Künstler, Musiker und Stars. Leonard Cohen widmete dem Gebäude gar einen eigenen Song: Chelsea Hotel.

Früh buchen, sonst sind alle Zimmer vergeben.

317 West 14th St • Subway 8 Ave (L), 14 St (A, C, E) • +1 888/546 2700 • www.chelseapinesinn.com • DZ ab $ 200

✳ Cosmopolitan Hotel TriBeCa

Nettes **Boutique-Hotel** in guter Lage, freundliches Personal. Nur fünf Minuten von der City Hall entfernt. Preislich liegen die kleinen, aber hübschen Zimmer im mittleren Segment. Kostenloses WLAN.

95 West Broadway • Subway Chamber St (1) • +1 212/566 1900 • www.cosmo hotel.com • DZ ab $ 175

✳ East Village Bed & Coffee

Sich wie zuhause fühlen in diesem erschwinglichen und kreativen **Bed and Breakfast** – OHNE Frühstück. Die Besitzer sagen sich, dass es in der Umgebung zahlreiche gute Möglichkeiten gibt, den Tag zu beginnen. Und sie haben Recht! Badezimmer auf dem Flur.

110 Ave C • Subway 2 Ave (F) • +1 917/ 816 0071 • www.bedand coffee.com • DZ ab $ 140

✳ Mondrian SoHo

Schickes Boutique-Hotel mit elegant designten Zimmern und grandiosem Ausblick über SoHo bis nach Midtown. Mit hervorragendem Seafood-Restaurant und Cocktailbar auf dem Dach.

9 Crosby St • Subway Canal St (N, Q, R, 6, J, Z) • +1 212/389 1000 • www.morganshotelgroup.com • DZ ab $ 230

✳ Hotel Pennsylvania

Das Hotel Pennsylvania wurde von der Pennsylvania Railroad Gesellschaft geplant. Es wurde 1919 eröffnet und verfügt über sagenhafte **2200 Zimmer**. Zum Zeitpunkt der Eröffnung war es das größte Hotel der Welt. Die Lage ist sehr gut, die Preise niedriger als sonst in der Umgebung, dafür sind die Zimmer nicht mehr im allerfrischesten Zustand. Die Hotelhalle jedoch ist imposant.

401 7th Ave • Subway 34 St–Penn Station (A, C, E, 1, 2, 3, N, Q, R) •

Geht gar nicht

… müsst Ihr aber akzeptieren: New Yorker Hotelzimmer sind nicht immer die allersaubersten und allerneuesten. Also nicht wundern, wenn Ihr trotz gesalzener Preise durchaus schäbige Zimmer bekommt. Mein Tipp: höflich beschweren, auch mehrmals. Denn Freundlichkeit des Personals ist ebenfalls Glückssache.

+1 212/736 500 • www.hotelpenn.com • DZ ab $ 130

✴ Sohotel
Einfaches Hotel in der Nähe von Chinatown und Little Italy mit nettem Dekor im Shabby-Chic-Stil: gerne auch mit pinker Wand oder Zebrastreifentapete und schönen, dunklen französischen Möbeln. Kleine, aber hübsche Zimmer. Viele Backpacker und Studenten steigen hier ab.

341 Broome St • Subway Bowery (J, Z) • +1 212/226 1482 • www.thesohotel.com • DZ ab $ 160

✴ The Jane
Klassisches, **nostalgisches Boutique-Hotel** in schöner Nachbarschaft. Nicht luxuriös, aber charmant. Mit großem Kamin und hohen Decken, nettem Restaurant und in unmittelbarer Nachbarschaft des Hudson.

113 Jane St • Subway 8 Ave (L) • +1 212/924 6700 • www.thejanenyc.com • DZ ab $ 100

✴ TriBeCa Blu Hotel
Elegant-moderne Einrichtung in einem **historischen Gebäude** mit viel schönem Gusseisen, wie die berühmten Feuertreppen. Dieses schicke Hotel direkt an der Canal Street im pulsierenden Chinatown und in der Nähe des 9/11-Denkmals ist ein idealer Ausgangspunkt zum Shoppen und Sightseeing.

276 Canal St • Subway Canal St (6, N, Q, R, J, Z, A, C, E) • +1 212/941 6106 • www.tribecabluhotel.com • DZ ab $ 170

✴ Wyndham Garden Chinatown
Schöne neue Zimmer, sauber und gepflegt mit schicker Fensterfront, besonders in den Eckzimmern. Ansprechende Einrichtung mit LED-Fernseher, Kaffeemaschine, Tresor und Bügelbrett. In der Hotelbar samt Dachterasse im obersten Stock mit schönem Blick über Chinatown könnt Ihr die Abende mit einem Cocktail ausklingen lassen.

93 Bowery • Subway Grand St (B, D) • +1 646/329 3400 • www.wyndham.com • DZ ab $ 150

Midtown

5th Avenue, Flatiron District, Theater District, Hell's Kitchen – pulsierendes Zentrum und Shopping-Mekka

Midtown erstreckt sich wie ein eckiger Block von der 34. bis zur 59. Staße und vom East River bis zum Hudson. Es ist (fast) ganz Heimat der geschäftigen Anzugträger und Kostümträgerinnen und der Shoppingwütigen auf der 5th Avenue. Shoppen kann man in Midtown aber auch wirklich gut, bei »Macy's« zum Beispiel, New Yorks größtem Kaufhaus mit erhabenem Charme. An den Ausläufern im Westen (Hell's Kitchen) oder Osten findet Ihr Wohngegenden, die mit Bars und Restaurants gemütliche Abwechslung bieten.

Im Kontrast dazu stehen Attraktionen wie der glitzernd überfüllte Times Square und der Broadway mit seinen alten Theatern und weltberühmten Produktionen.

Früher hatte Letzterer noch ein Schmuddelimage. Aber Ex-Bürgermeister Giuliani hat vor einigen Jahren sämtliche Oben-Ohne-Bars und Bordsteinschwalben von dort verbannt. Midtown bietet aber auch Weltpolitik: Das Gebäude der United Nations befindet sich im Osten. Das zentral gelegene Rockefeller Center bietet eine lohnenswerte Aussichtsplattform mit Blick auf Manhattan und den Central Park, wenn man nicht gleich auf das Empire State Building möchte (mit dem Fahrstuhl, versteht sich!). Es ist besonders zur Weihnachtszeit beliebt, da dort Schlittschuh gelaufen wird und die Riesen-Weihnachtstanne bewundert werden kann.

Kulturell finden sich in Midtown bedeutende Museen wie das MoMA oder das berühmte Konzerthaus Carnegie Hall. Und auch hier kann man essen und ausgehen. Aber wenn Ihr einen eher individuellen Laden sucht, solltet Ihr die vielen Ketten und Touristenfallen in dieser Gegend meiden.

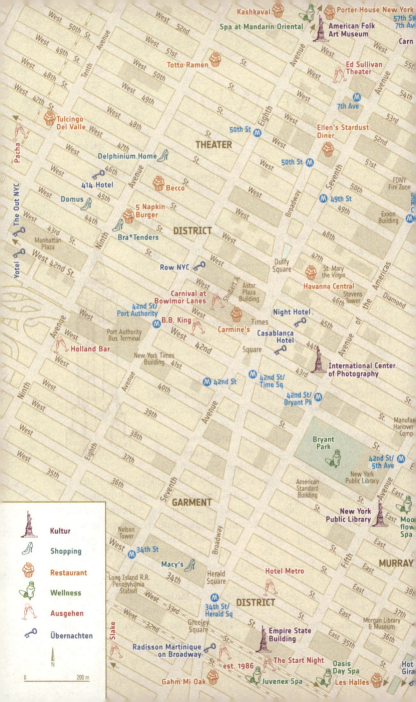

Kultur

Der glitzernde Times Square mit seinen Leuchtreklamen, Anzugträgern und Damen in High Heels, die zum nächsten Geschäftstermin hetzen, Touristen, die gerne mal im Weg stehen, weil sie staunen, wie hoch ein Wolkenkratzer so sein kann, und einige der bekanntesten Sehenswürdigkeiten New Yorks, das Empire State Building, das Chrysler Building und die Grand Central Station, sowie weltbekannte Museen wie das MoMA finden sich alle auf engstem Raum in Midtown. Viele New-York-Besucher, die nur kurz hier sind, lernen wegen seiner vielfältigen Attraktionen vor allem diesen Bezirk kennen. Aber Vorsicht: Faszination und Erschöpfung durch den audiovisuellen Overkill liegen hier nah beieinander.

✶ American Folk Art Museum

Das wichtigste Museum für **Naive Kunst** in den USA, hauptsächlich aus dem 18. und 19. Jahrhundert, aber ebenso für afroamerikanische und Latino-Kunst. Es ist sehr klein, eine Stunde Zeit reicht hierfür völlig aus. Der Besuch ist kostenlos, man kann aber eine kleine Spende geben.

2 Lincoln Square • Subway 59 St–Columbus Circle (1) • +1 212/595 9533 • www.folkartmuseum.org • Sa–Do 10.30–17.30, Fr 10.30–19.30 Uhr • Eintritt frei

Don't miss

Einen abendlichen Spaziergang durch den Theater District (Broadway zwischen 41. und 53. Straße und 6. und 9. Avenue) mit all seinen berühmten Theatern und Shows: Schnuppert die Luft des Broadway, wo viele zu Stars wurden.

✶ Carnegie Hall

Die Carnegie Hall gehört wohl zu den **berühmtesten Konzertsälen**, die es gibt. Die Akustik ist großartig. Der Saal ist riesig, in den billigeren Kategorien sitzt man allerdings sehr weit oben und sehr weit weg vom Orchester. An Künstlern tritt hier auf wer Rang und Namen hat, von bekannten Orchestern bis hin zu international gefragten Solis-

Nicht der höchste, aber wohl der schönste Wolkenkratzer der Welt ist das Chrysler Building. Silbern glitzert es in der Sonne wie ein kostbares Schmuckstück.

ten. Die Aufführungen sind oft Monate im Voraus ausgebucht.

881 7th Ave • Subway 57 St–7 Ave (N, Q, R) • +1 212/247 7800 • www.carnegiehall.org

✻ Chrysler Building

Eines der **schönsten Gebäude der Welt im Art-déco-Stil**, das 1930 noch das höchste Gebäude der Welt war, aber kurz darauf vom Empire State Building abgelöst wurde. Als Firmensitz und Symbol für das Autowerk Chrysler wurde die Fassade aus rostfreiem, in der Sonne glänzendem (Auto-)Stahl gefertigt. Details zeigen Mauervorsprünge mit stilisierten Autos und wasserspuckenden Kühlerfiguren. Im Erdgeschoss verschwenderischer Marmor und ein Deckengemälde, das die vermeintlichen Errungenschaften des Industriezeitalters darstellt. Ansonsten (leider nur) Bürogebäude.

↓ *Diese wunderschöne Wandgestaltung im Art-déco-Stil ziert die Eingangshalle des Empire State Building.*

405 Lexington Ave • Subway Grand Central–42 St (S, 4, 5, 6, 7, S) • +1 212/682 3070

✻ Dozen Apples Tour

Stadttour zu Fuß und per U-Bahn von New Yorker Reiseleitern, die ihre Stadt in- und auswendig kennen (s. rechts). Lohnt sich, um New York gleich zu Beginn gut kennenzulernen und einen spannenden Überblick zu bekommen. Reservierung notwendig.

Adresse und Treffpunkt bei Reservierung • +1 917/572 7017 • www.realnewyorktours.com • Dauer: 6 ½–7 Stunden, tgl. 10 Uhr, begrenzter Winterplan • $ 70

✻ Empire State Building

Das Empire State Building ist wohl das berühmteste New Yorker **Wahrzeichen**. Es wurde von 1930 bis 1931 in unge-

Dozen Apples Tour – ganz Manhattan im Rundumschlag

Spannende Seitenstraßen? Dunkle Gassen? Versteckte Diamanten? Die wirkliche Kultur der New Yorker? Malerische Viertel? Wer als Touristin nicht unachtsam an den spannenden Dingen vorbeigehen, sondern sie in der kurzen Zeit erleben möchte, kann eine Tour mit »Real New York Tours« buchen. Die Rundfahrten bieten Euch die Möglichkeit, die Stadt mit den Augen echter New Yorker zu sehen. Vom ruhigen Grün des Central Park bis zu den exotischen Gassen Chinatowns deckt die Dozen Apples Tour (s. links) alles ab und versorgt Euch mit Insider-Infos von waschechten New Yorkern – auf Englisch, aber gut verständlich. Angefahren werden: Times Square, Central Park, Greenwich Village, Washington Square Park, Soho, Little Italy, Wall Street, Chinatown und, und, und – die ganze Palette Manhattans von der Südspitze über Midtown bis zum Central Park.

»Real New York Tours« ist ein kleines Unternehmen, das sich auf eine Vision seiner Eigentümer Lukas und Bernstein Miller gründet: Die beiden finden bis heute, dass man »die tollste Stadt der Welt« am schönsten erleben kann, wenn sie einem jemand zeigt, der seine Heimat und seinen Job liebt – und der darüber hinaus kompetent, sympathisch und zuvorkommend ist, natürlich! Lukas erzählt: »Mein Leben als New Yorker hat aus mir die Person gemacht, die ich heute bin: wie ich gehe, spreche, esse, wie ich denke, fühle und mit Menschen interagiere. Als Teenager erkundete ich die verlassenen Bahnhöfe der U-Bahn, suchte nach alten versteckten Höhlen im Central Park und hatte meinen Kopf in Bücher über die Geschichte meines geliebten New Yorks vergraben. In den letzten fünf Jahren habe ich mein Wissen und meine persönlichen Erfahrungen mit Tausenden von Touristen aus der ganzen Welt geteilt. Vor zwei Jahren habe ich meine eigene Firma ›Real New York Tours‹ gegründet. Und heute sind wir eine der beliebtesten Touristenattraktionen New Yorks!«

Heimweh und Fernweh, Abschied und Wiedersehen liegen nah beieinander in der imposanten und wunderschönen Grand Central Station.

wöhnlich kurzer Bauzeit errichtet und war nicht nur das höchste Gebäude New Yorks, sondern bis 1972 auch das höchste der Welt. In der 86. und 102. Etage befinden sich die Aussichtsplattformen, die zu den meistbesuchten Sehenswürdigkeiten der Stadt gehören, also lange Wartezeiten mit einplanen.

350 5th Ave • Subway 33 St (6), 34 St (B, D, F, N, Q, R) • +1 212/736 3100 • www.esb nyc.com • Tgl. 8–2 Uhr • ab $ 27 (86. Etage); wer auch das Top Deck besuchen möchte, zahlt stolze $ 44

✴ Goethe-Institut

»Deutschland gilt in New York als cool«, so Stephan Wackwitz, der die Kulturprogramme für Nordamerika vom Goethe-Institut in New York aus verantwortet. Vor allem **Fotografieausstellungen und Fotokunst** von renommierten Künstlern aus Deutschland kommen in New York gut an.

30 Irving Place • Subway 86 St (6) • +1 212/861 1384 • www.goethe.de/ newyork

✴ Grand Central Terminal

Prachtvolles Bahnhofsgebäude, das beeindruckend die Romantik des Reisens beschwört. Von Balkonen könnt Ihr auf das emsige Treiben in der Halle blicken, ein Erlebnis wie eine Filmszene; täglich sind hier 750 000 Menschen auf der Durchreise! Zum riesigen Bahnhofsareal gehören auch exklusive Restaurants, ein »Food Court« mit zahlreichen Essensständen im Untergeschoss, coole Bars und schöne Geschäfte. Es lohnt eine Führung, bei der mit vielen Anekdoten die Geschichte des Bahnhofs zum Leben erweckt wird.

89 East 42nd St • Subway Grand Central–42 St (4, 5, 6, 7, S) • +1 212/340 2583 • www.grandcentral terminal.com

✴ International Center of Photography

Im Museum des ICP befinden sich heute über 100 000 Fotos – der Schwerpunkt liegt jedoch auf der **Dokumentarfotografie des 20. Jahrhunderts**. Das Museum ist ein absolutes Muss nicht nur für Fotografen, sondern für jeden, der Dokumentarfotografie liebt. Achtung: Das ICP wird voraussichtlich Mitte 2015 in die Bowery umziehen.

↑ *Die Atlas-Statue vor dem Rockefeller Center trägt schwer am Riesenglobus. Aber Muskeln aus Marmor halten so einiges aus!*

1133 Avenue of the Americas • Subway 42 St–Bryant Park (B, D, F, M, 7), Times Square (1, 2, 3, N, Q, R, S) 42 St–Port Authority (A, C, E) • +1 212/857 0000 • www.icp.org • Di–Do 10–18, Fr 10–20, Sa, So 10–18 Uhr • $ 14

✷ Museum of Modern Art

Europäische Kunst, amerikanische Kunst, Klassiker, Brandneues: Dieses große, berühmte Museum bietet einen großartigen Einblick in die **zeitgenössische und gegenwärtige Kunst**. Der Audioguide ist gratis. Interessant wird das Museum auch deshalb, weil nicht nur Bilder ausgestellt sind, sondern auch andere Exponate wie Möbelklassiker oder Computerspiele.

11 West 53rd St • Subway 5 Ave–53 St (E, M) • +1 212/708 9400 • www.moma.org • So–Do 10.30–17.30, Fr 10.30–20 Uhr • $ 25

✷ New York Public Library

Öffentliche **Bibliothek der Superklasse**, sehr gediegen, riesig, und für Bücherwürmer absolut zu empfehlen. Die bekannten Löwen am Eingang bekamen in den 1930ern die Spitznamen *Patience* (Geduld) und *Fortitude* (Tapferkeit). Die Bibliothek unterhält übrigens 89 Zweigstellen.

5th Ave 42nd St • Subway 42 St–Bryant Park (B, D, F, M) • +1 917/275 6975 • www.nypl.org • Mo, Do–Sa 10–18, Di, Mi 10–20, So 13–17 Uhr

✷ Rockefeller Center (Top of the Rock)

Das Rockefeller Center wurde 1933 eröffnet und ist stolze **70 Stockwerke hoch**. Mit dem Aufzug »Top of the Rock« fährt man hoch und kann von zwei Plattformen aus auf den Big Apple hinabblicken.

30 Rockefeller Plaza • Subway 47–50 Sts–Rockefeller Ctr (B, D, F, M) • +1 212/698 2000 • www.topoftherock nyc.com • Tgl. 8–0 Uhr • ab $ 27

»Das kann meine vierjährige Nichte auch!« Wirklich? Dann muss sie ein Genie sein! Denn die Künstler, die im MoMA hängen, haben es geschafft.

Shopping

Von der 47. bis zur 59. Straße bietet die 5th Avenue Shoppingerlebnisse wie kaum eine andere Einkaufsstraße: prächtige Schaufenster, mondäne Garderobe und schicke Flagship-Stores. Die 5th Avenue ist voller Menschen, mit noch volleren Einkaufstüten. Zwischen der 42. Straße und Central Park befinden sich die größten Kaufhäuser, die exklusivsten Designer und bekannte Markenketten mit riesigen Filialen. Am Herald Square nimmt das Traditionskaufhaus »Macy's« einen gesamten Block ein. Wer lieber kleine Boutiquen mag, findet die weiter westlich in Hell's Kitchen, und wer eine Nähmaschine besitzt, kann im Garment District rund um die 7th Avenue im 30er-Bereich der Straßen die Augen nach Stoffen, Knöpfen, Zubehör oder günstigen Klamotten offen halten.

✶ Apple Store
Wie eine Kathedrale aus dem Weltraum wirkt der **Flagshipstore** von Apple. Und religiös ist auch die Anbetung der Design- und Technikfans. Ihr bekommt hier alles rund um die In-Marke, und das günstiger als in Deutschland.

767 5th Ave • Subway 59 St (4, 5, 6) • +1 212/336 1440 • www.apple.com/retail/fifthavenue • 24/7

✶ Bergdorf Goodman
Luxuskaufhaus im großartigen Vanderbilt-Gebäude mit Etagen voller Couture, einer besonders große Auswahl an Accessoires und hunderten Designermarken von Alexander McQueen bis Zac Posen. Man sagt, wer es als Designer nicht ins Bergdorf Goodman schafft, hat es nicht geschafft. Berühmt: das Schuh-Department!

754 5th Ave • Subway 5 Ave–59 St (N, Q, R) • +1 800/558 1855❑ • www.bergdorfgoodman.com • Mo-Sa 10–20, So 11–18 Uhr

✶ Bra*Tenders
Crysta, die nette und sehr kompetente Verkäuferin, hilft Euch in diesem gut

Don't miss
Shoppen im Grand Central Terminal, dem schönsten Bahnhof der Welt – viele schöne Geschäfte, und alle überdacht, falls es mal regnet.

Neun Etagen Luxus! Im Bergdorf Goodman gelangt man von Chanel über Armani and Yves Saint Laurent bis zu Gucci – mit wenigen Schritten.

ausgestatteten Laden, den **perfekten BH** zu finden: einen, der richtig passt, den man unter der Kleidung nicht sieht, und der Euch vor allem noch schöner macht! Für eine Beratung solltet Ihr vorher einen Termin vereinbaren.

630 9th Ave • Subway 42 St–Port Authority Bus Terminal (A, C, E) • +1 212/957 7000 • www.braten ders.com • Mo, Mi, Fr 10–18, Di, Do 10–19, Sa 10–16 Uhr

✻ Bridgemarket

Am Anfang des 20. Jahrhunderts noch ein Bauernmarkt, ist der Platz unter der 59th Bridge jetzt ein schön gefliestes Gewölbe mit **Geschäften zum Stöbern** und Restaurants. Der »Terence Conran Shop« bietet moderne und witzige Designaccessoires.

415 East 59th St • Subway 59 St–Lexington Ave (E, F, 6) • +1 212/980 2455 • Tgl. 9–20 Uhr

Geht gar nicht

Mitten auf dem Gehweg in Midtown stehenbleiben. Hallo? Ihr seid im überfüllten New York! Die Straßen sind voll und die Menschen sehr *busy*. Also passt auf, sonst werdet Ihr umgerannt.

✻ Delphinium Home

Die beliebte Boutique ist ein **Schatzkästchen** mit schönen bis kitschigen Gebrauchsgegenständen für den Haushalt, Schönheitsartikeln, hübschen Kochbüchern und mehr.

353 West 47th St • Subway 50 St (C, E) • +1 212/333 7732 • www.delphiniumhome.com • Mo–Sa 11–20, So 11–19 Uhr

✻ Domus

Die Besitzer bringen **Designobjekte aus der ganzen Welt** in ihren Laden, nachhaltig und fair. Sie arbeiten besonders mit Kooperativen und individuellen Kunsthandwerkern zusammen. Die schönen Resultate könnt Ihr dann kaufen.

413 West 44th St • Subway 42 St–Port Authority Bus Terminal (A, C, E) • +1 212/581 8099 • www.domusnewyork.com • Di–Fr 12–20, Sa 12–18 Uhr

✻ FAO Schwarz

Hier wird jeder zum Kind. Der älteste Spielzeugladen Amerikas verkauft seit 1862 **hochwertige Spielsachen** aus der ganzen Welt. In jeder Ecke dieses Ladens könnt Ihr Spaß haben: zum Beispiel in der Safariecke der Plüschtiere, der Muppet-Werkstatt oder zwischen Legokreationen. Und das Allerbeste: die

Riesenklaviertasten aus Tom Hanks' Film *Big*!

767 5th Ave • 5 Ave–59 St (N, Q, R) • +1 212/644 9400 • www.fao.com • So–Do 10–20, Fr, Sa 10–21 Uhr

✳ Macy's

Amerikas größtes Kaufhaus thront majestätisch an der West 34th Street am Herald Square. Angesichts seiner neun Stockwerke und der mehr als eine Million Quadratmeter großen Fläche solltet Ihr Euch ein wenig Zeit nehmen, um dieses grandiose Shoppingspektakel zu erkunden. Tausende Kauflustige kommen täglich, um sich von der endlosen Auswahl an Kleidung, Kosmetik, Haushaltswaren und mehr verführen zu lassen.

151 West 34th St • Subway 34 St–Penn Station (A, C, E), 34 St–Herald Square (1, 2, 3, N, Q, R) • +1 212/695 4400 • www.macys.com • Mo, Do, Fr 9–21.30, Di 9–22, Mi 9–23, Sa 10–21.30, So 11–20.30 Uhr

✳ MoMA Store

Absolut begeisternd ist der Shop, der neben Designmöbeln, Wohnaccessoires, schicken Küchenutensilien und anderen praktischen Designspielereien auch viele **extravagante Geschenkideen** verkauft. Ihr könnt Euch dort mit Souvenirs ausstatten, die Stil haben. Auch an schönen Postkarten mangelt es im MoMA Design Shop nicht, dazu gibt es bändeweise Literatur über Design und Kunst.

44 West 53rd St • Subway 47–50 St, Rockefeller Center (B, D, F, M), 5 Ave–53 St (E, M) • +1 212/767 1050 • www.momastore.org • Sa–Do 10.30–17.30, Fr 10.30–20 Uhr

Märchenwelt? Traumland? Theater- oder Filmkulisse? Nein, nur eine der beliebten Schaufensterdekorationen im Kaufhaus »Macy's« zur Weihnachtszeit. →

✶ New York Transit Museum Store

Origineller Souvenirshop mit allem, was mit der New Yorker Subway zu tun hat: T-Shirts mit der Lieblings-U-Bahn-linie, Schirme oder Uhren mit U-Bahn-plan, Weihnachtsschmuck aus alten U-Bahnmünzen und schöne U-Bahn-poster (für Kinder) von bekannten Illustratoren.

Grand Central Station, Shuttle-Passage • Subway Grand Central–42nd St (4, 5, 6, 7, S) • +1 212/878 0106 • www.transitmuseumstore.com • Mo–Fr 8–20, Sa, So 10–18 Uhr

↓ *»Ja, ich will« – einkaufen bei »Tiffany«! Noch schöner ist es allerdings, wenn einem der Schmuck geschenkt wird.*

✶ Saks

Die Konkurrenz zu »Bergdorf Goodman« in Sachen **Luxuskaufhaus**: nicht billig, dafür vom Feinsten. Das Saks erwartet die Kunden mit einer beeindruckenden Parfümerieabteilung im Erdgeschoss. Auch die anderen Stockwerke sind gefüllt mit hochpreisiger Kleidung und edlen Accessoires. Cafés und Bistros laden zum kurzen Verweilen ein. Sehr große und beliebte Schuhabteilung in der obersten Etage, mit eigener Postleitzahl!

611 5th Ave • Subway 5 Ave–59 St (N, Q, R) • +1 212/644 9400 • www.saks.com • Mo–Sa 10–20, So 12–19 Uhr

✶ Tiffany & Co.

Nicht nur die romantische Komödie *Frühstück bei Tiffany* mit der wunderschönen Audrey Hepburn hat dieses Schmuckgeschäft weltberühmt gemacht. Tiffany ist spezialisiert auf **Diamant- und Silberschmuck** und Brautpaare. Hier suchen Brautleute ihre Ringe aus und gleich auch ihre Hochzeitseinladungen, das Tafelsilber sowie den vergoldeten Füllfederhalter zum Unterzeichnen beim Standesamt.

727 5th Ave • Subway 5 Ave–59 St (N, Q, R) • +1 212/755 8000 • www.tiffany.de • Mo–Sa 10–19, So 12–18 Uhr

5th Avenue – die Mutter der Einkaufsstraßen

Sie beginnt ganz im Süden von Manhattan auf Höhe der 6. Straße und endet in Harlem an der 142. Straße. Von ganz arm bis ganz reich reicht das Straßenbild, aber vor allem ist sie die berühmteste Einkaufsstraße der Welt: die 5th Avenue.

Zum Shoppen sind vor allem die zehn Straßenblocks zwischen Rockefeller Center und Central Park ein Muss. Berühmte Kaufhäuser, Flagshipstores und feine Boutiquen wechseln sich ab mit Sehenswürdigkeiten wie der St Patrick's Cathedral oder dem Rockefeller Center (S. 56). Geschäfte, die man aus Filmen kennt, sind Kult. Zu »Tiffany's« (s. links), dem legendären Schmuckgeschäft, reisen Verliebte aus ganz Amerika, um Verlobungsringe zu kaufen. Durch die hohen Mietpreise ist sie auch die teuerste Straße der Welt. Die Ladenmiete pro Quadratmeter liegt bei 13 000 Euro.

Um 1900 standen an der 5th Avenue herrschaftliche Villen von Fabrikanten. Als die New Yorker Bevölkerung auf zwei Millionen anwuchs und immer mehr Hotels und Geschäftshäuser eröffneten, wurden die Villen abgerissen und durch Apartmenthäuser und weitere Hotels, später dann durch Gebäude wie das Empire State Building oder das Flatiron Building ersetzt – die Zeit der Wolkenkratzer war gekommen. Kaum eine Einkaufsstraße hat schönere Geschäfte als die 5th Avenue. Besonders berühmt sind die Schaufensterdekorationen. Um die Weihnachtszeit sind sie besonders kreativ und prunkvoll. Wer auf noch Schickeres steht, geht in die Parallelstraße Madison Avenue: Etwas ruhiger, dafür gesäumt von Geschäften der Luxusmarken. Ein Haus führt nur Klamotten eines Designers, Ralph Lauren.

Restaurants & Cafés

Midtown ist das Zentrum New Yorks. So gibt es hier auch Restaurants aller Art: von piekfein über supertrendy bis spektakulär. Aber auch viele Läden, die nur darauf ausgerichtet sind, Touristen schnell abzufüttern, ebenso Fast-Food-Ketten und andere Klitschen, die man besser meiden sollte. Es gibt einfach zu viele gute Restaurants in allen Preisklassen, als dass man sich mit einer schlechten Erfahrung abspeisen lassen sollte.
Rund um den Times Square sind eher die quirligen Themenlokale vertreten, westlich und östlich davon findet Ihr nette Läden, die vielseitig und international kochen. Und wer sagen möchte, er war in einem legendären Restaurant, der geht in die »Grand Central Oyster Bar« im berühmtesten Bahnhof der Welt auf ein halbes Dutzend Austern.

✷ 5 Napkin Burger

Five Napkin Burger in Hell's Kitchen gehört zu den beliebtesten New Yorker **Burgerläden**. Der »Original 5 Napkin Burger« ($ 14.95) kommt auf einem weichen weißen Brötchen, das Fleisch ist außen knusprig, innen rosa. Dazu karamellisierte Zwiebeln für einen Hauch von Süße, geschmolzener Gruyère und Rosmarin-Aioli. Umfangreiche Karte mit Bieren von kleinen Brauereien.

630 9th Ave • Subway 42 St–Port Authority Bus Terminal (A, C, E) • +1 212/757 2277 • www.5napkin burger.com • Mo–Fri 11.30–0, Sa, So 11–0, Brunch à la carte 11–16 Uhr

✷ Becco

Becco bietet zum Prix fixe ein Menü, Antipasti und **sehr gute Pasta**, bzw. ein All-you-can-eat-Angebot für 25 Dollar. Ihr habt die Wahl zwischen drei Pastasorten. Eignet sich auch besonders für Gruppen. Die Einrichtung ist rustikal italienisch, sodass Ihr nicht das Gefühl habt, im hektischen Midtown Manhattan zu sein.

Geht gar nicht

Getrennt zahlen: Gerade im geschäftigen New York kümmern sich die Gäste selbst darum, die Kosten auseinanderzurechnen.

355 West 46th St • Subway 42 St (A, C, E) • +1 212/397 7597 • www.becco-nyc.com • Lunch: Mo, Di, Fr, So 12–15, Mi, Sa 11.30–15 Uhr, Dinner: Mo 17–22, Di, Do, Fr 16.30–0, Mi 16–0, So 15–22 Uhr

✷ Burger Joint

Eine **College-Burger-Bar**, versteckt in einem Fünf-Sterne-Hotel in Midtown? Klar! Hinter einem schweren roten Samtvorhang im Parker Meridien Hotel tut sich dieser ausgelassene Laden auf, der unter der Woche oft lange Warteschlangen in der Lobby verursacht (vor 12 Uhr da zu sein hilft). Baseball-Cap-tragende, mit Fett dekorierte Köche geben mit Papier umwickelte Cheeseburger aus und gestochen scharfe, dünne Pommes. Einfach, billig, lecker.

119 West 57th St • Subway 57 St (F, N, Q, R) • +1 212/245 5000 • www.parkermeridien.com • So–Do 11–23.30, Fr, Sa 11–0 Uhr

✷ Carmine's

Dieses **große, geschäftige Midtown-Lokal** mit Familienfotos an den Wänden ist gemütlich, beliebt bei Familien und bietet schmackhafte Köstlichkeiten wie gebratene Calamari, Linguine mit weißer Muschelsauce, Huhn Parmigiana und Kalbfleisch-Saltimbocca zum fairen Preis.

200 West 44th St • Subway 42 St–Times Sq (A, C, E, N, Q, R, S, 1, 2, 3, 7) • +1 212/221 3800 • www.carminesnyc.com • Mo 11.30–23, Di, Do, Fr 11.30–0, Mi, Sa 11–0, So 11–23 Uhr

✷ Ellen's Stardust Diner

Amerikanischer Diner im 50er-Jahre-Retro-Stil mit singenden Kellnern auf Rollschuhen. Die Speisekarte konzentriert sich auf **amerikanische Klassiker**.

Schnellen Service gibt's in »Ellen's Diner«, nämlich auf Rollschuhen. Aber auf keinen Fall lieblos, denn die Kellnerinnen singen dabei auch noch richtig schön!

Wenn Ihr es mal so richtig übertrieben laut und amerikanisch wollt, seid Ihr hier genau richtig. Alles andere als ruhig! Der glitzernde, schrille Broadway ist schließlich um die Ecke.

1650 Broadway • Subway 50 St (1) • +1 212/956 5151 • www.ellens stardustdiner.com • Mo–Do 7–0, Fr, Sa 7–1, So 7–23 Uhr

✶ Gahm Mi Oak

Mit Industriedesign, einem günstigen 24-Stunden-Menü und Öffnungszeiten bis spät nachts zieht dieser **Koreaner** ein junges, stilvolles Publikum an. Fotos helfen bei der Auswahl. Im koreanischen Stil gebratene Mungobohnen-Pfannkuchen mit Frühlingszwiebeln, Karotten und Hackfleisch machen süchtig, das *kimchi* (scharf eingelegter Chinakohl) ist auch sehr beliebt. Die *Sul Long Tang*, eine milchige Ochsenknochensuppe mit dünnen Scheiben von Rindfleisch, Reis und Nudeln, soll sehr wirksam gegen Kater sein.

43 West 32nd St • Subway 34 St–Herald Sq (B, D, F, N, Q, R, M) • +1 212/695 4113 • www.gahmmioak.com • 24/7

✶ Grand Central Oyster Bar

Dieses berühmte, hundert Jahre alte Restaurant im Gewölbe der Grand Central Station ist auf **Fisch und Meeresfrüchte** spezialisiert. Es werden unzählige verschiedene Austern ab 2 Dollar das Stück angeboten. Davon hier ein halbes Dutzend zu verspeisen, ist »very New York«.

89 East 42nd St • Subway Grand Central Station–42 St (4, 5, 6) • +1 212/490 6650 • www.oysterbar ny.com • Mo–Sa 11.30–21.30 Uhr

✶ Havana Central

Gut geeignet für Grüppchen, preiswert und perfekt zum Ausprobieren kubanischer **Latinoküche** wie Knoblauchhuhn, glasierten Schweinerippchen, Ochsenschwanzragout, Ananashuhn und gut gewürztem Steak mit Gurken-Mango-Salat. Es gibt eine riesige Auswahl an kubanischem Rum und Mojitos.

151 West 46th St • Subway 49 St (N, Q, R) • +1 212/398 7440 • www.havana central.com • So–Mi 11.30–23, Do–Sa 11.30–0 Uhr

✶ Kashkaval

Gutes Lokal für ein Mittagessen, das leckere **Mittelmeerküche** und eine Weinbar bietet. Die Probierplatten mit Hummus, gebackener roter Beete, Linsencreme und geröstetem Rosenkohl können eine Hauptspeise ersetzen.

Auch sehr für einen Wochenendbrunch zu empfehlen, mit griechischen, türkischen, niederländischen und spanischen Gerichten.

852 9th Ave • Subway 59 St–Columbus Circle (A, B, C, D, 1) • +1 212/581 8282 • www.kashkaval.com • Mo–Do 11–2, Fr 11–3, Sa 16–3, So 16–1 Uhr

✶ Les Halles

Unprätentiöse, **französische Brasserie** in einer schönen Halle. Die typisch französischen Frites (mit Steak) werden von manchen als die besten New Yorks angesehen. Hauptgerichte umfassen knusprige Entenkeule mit Frisëesalat, Blutwurst mit karamellisierten Äpfeln und Steak Tartar.

411 Park Ave • Subway 28 St (6) • +1 212/679 4111 • www.leshalles.net • Tgl. 7–0 Uhr

Geht gar nicht

Ihr habt Hunger? Aber hoffentlich nicht auf die »Riesen-Pretzels«, die an den Straßenständen am Times Square verkauft werden – sie schmecken verkohlt, sind zäh und bedeuten eine vollkommen unerfreuliche Aufnahme zu vieler Kalorien.

↑ *In der rustikalen »Oyster Bar« im illustren Gewölbe der Grand Central Station schmecken Austern besonders gut. Am besten im Dutzend!*

✶ Pio Pio

Das Pio Pio ist berühmt für das **peruanische Brathähnchen**, aber süchtig werdet Ihr nach der grünen Sauce, einem Geheimrezept. Das Lunch-Special für 9.50 Dollar (11–16 Uhr) mit einem Viertel Huhn, Salat, Beilage und einem Soda reicht fast für zwei.

210 East 34th St • Subway 33 St (6) • +1 212/481 0034 • www.piopio.com • So–Do 11–23, Fr, Sa 11–0 Uhr

✶ Porter House New York

Steaks schmecken in den USA einfach besser als in Deutschland. Die feinen

Steakhäuser tun ihr Übriges, so auch das Porter House: sehr gutes Fleisch, kreative Beilagen, elegantes Ambiente, schöner Blick in den Central Park.

....

10 Columbus Circle • Subway 59 St–Columbus Circle (A, B, C, D) • +1 212/823 9500 • www.porterhousenewyork.com • Mo–Mi 11.30–22, Do, Fr 11.30–23, Sa 15–23, So 15–22 Uhr

✴ Totto Ramen

Ihr wollt richtig gut, aber nicht zu schwer zu Mittag essen? Unglaublich leckere, günstige **japanische Suppen** und Nudeln, die einen wahren Hype kreiert haben, gibt es bei Totto Ramen – manchmal muss man hier aber Schlange stehen, um sich was Gutes zu gönnen. Wenn Ihr früh kommt, könnt Ihr aber Glück haben. Dieser tolle Japaner ist natürlich auch für abends zu empfehlen.

....

Essen wie Gott in Frankreich? Das geht auch in New York! Die Brasserie »Les Halles« macht es möglich. Aber bestellen darf man auf Englisch. →

366 West 52nd St • Subway 50 St (C, E) • +1 212/582 0052 • www.tottoramen.com • Mo–Sa 12–16.30, 17.30–0, So 16–23 Uhr

✴ Tulcingo Del Valle

Dieses authentische **mexikanische Restaurant** und Lebensmittelgeschäft serviert sieben Tage die Woche Tacos, Tortas und Spezialitäten aus Puebla, vom Frühstück bis zum Abendessen. Der Star auf der Speisekarte ist der riesige Hühnchenteller mit *mole poblano*, Reis, Bohnen, Guacamole und Tortillas. Auch toll: die Spezialitäten des Tages.

....

665 10th Ave • Subway 50 St (C, E) • +1 212/262 5510 • www.tulcingorestaurant.com • Mo–Sa 8–22, So 10–22 Uhr

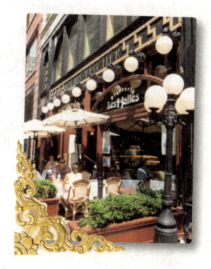

Wellness

Eine Wellnessfanatikerin wird in Midtown auf ihre Kosten kommen! Allerdings nur, wenn sie das nötige Kleingeld hat – die vielen Luxus-Spas kosten leider oft ein Vermögen, ein Trost ist dann nur noch die tolle Aussicht vom Dach eines Luxushotels mit Spa-Salon. Aber selbst hier im elitären Zentrum New Yorks gibt es Wellnessoasen, die bezahlbar und trotzdem gut sind. Über die Websites der Anbieter findet man außerdem Specials – wer weiß, ob man nicht doch ein schickes Schnäppchen machen kann, das nicht nur den Körper verwöhnt, sondern auch den Geldbeutel schont. Es werden im dichten Midtown insbesondere Massagen und Facials angeboten, oft gibt es weder Sauna noch Pool – es fehlt einfach an Platz.

✳ Bergdorf Goodman Spa

Ihr wollt es mal so richtig **schickimicki für Haut und Haar**? Die Penthouse-Etage des Luxuskaufhauses bietet eine Vielzahl von Schönheitsbehandlungen: Haarschnitte, Färben, Hochsteckfrisuren, Make-up und Maniküre sowie spezielle Angebote wie Wimpernverlängerung. Billig wird das aber nicht.

754 5th Ave • Subway 5 Ave–59 St (N, Q, R) • +1 800/558 1855 • www.bergdorfgoodman.com • Mo–Fr 10–20, Sa 10–19, So 12–18 Uhr

✳ Bryant Park

Ein ganz reizender **kleiner Park** hinter der berühmten Public Library, der seine Zeit als »needle park« für Heroinabhängige in den 1980ern längst hinter sich hat. Hier wird in der Lunchpause entspannt, im Winter Schlittschuh gelaufen, im Herbst bei der Fashion Week Mode gezeigt und im Sommer werden montags unter freiem Himmel Kinofilme geschaut. In der kleinen Freiluftbar könnt Ihr entspannt einen Cocktail oder Kaffee genießen.

West 42nd St (hinter der Public Library), zw. 5th und 6th Ave • Subway 42 St–Bryant Park (B, D, F, V) • +1 212/768 4242 • www.bryantpark.org

✳ Dorit Baxter Day Spa

Für Midtown geradezu erschwinglich ist es bei Dorit Baxter, die es schon seit 30 Jahren gibt. Sie machen also einiges seit Langem richtig. Sehr erfahrene, sehr **gute Masseure**, kein Schnickschnack und eine schöne Aussicht auf die 57. Straße. Für 89 Dollar könnt Ihr Euch hier eine knappe Stunde durchkneten lassen. Auch andere Anwendungen sind zu haben.

47 West 57th St. • Subway 57 St (F) • +1 212/371 4542 • www.newyorkdayspa.com • Mo–Fr 9–20, Sa 9–19, So 10–19 Uhr

✳ Exhale Spa

Fitnessstudio und **großer Wellnessbereich** mit Nagelstudio mit freundlichen und aufmerksamen Mitarbeitern, die etwas von ihrer Sache verstehen.

Klein, aber fein: der Bryant Park! Schön für ein Rendezvous oder ein kurzes Päuschen von den Häuserschluchten. →

Wer sich die recht teuren Behandlungen leisten kann, wird erfahren, dass dort die Nackenkissen nach Lebkuchen duften.

150 Central Park South • Subway 57 St (F) • +1 212/561 7400 • www.exhalespa.com • Mo, Mi, Fr 6.30–21, Di, Do 6–21, Sa 8–21, So 8–20 Uhr

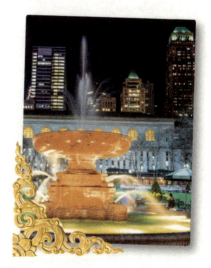

✳ Juvenex Spa

24 Stunden geöffnet, bietet Juvenex Tiefenentspannung und alles für die Schönheit in asiatisch-edler Atmosphäre. Für den ersten Besuch sei die »Jade Journey« empfohlen. Für 65 Dollar kann man sich im gesamten Wellnessareal entspannen: in der »Igloo Sauna« oder den japanischen Kräuterbädern mit Sake, Ginseng oder Seegras. Bei weiteren kostenpflichtigen Behandlungen wie Massage oder Packungen reduziert sich der Eintrittspreis um mindestens die Hälfte. Täglich von 7 bis 17 Uhr ist das Spa nur für Frauen geöffnet, dann könnt Ihr Bikini und Badeanzug zu Hause lassen.

25 West 32nd St, 4. Stock • Subway 34 St (N, R, Q, W, F, D, B), Penn Station (1, 2, 3, 9) • +1 646/733 1330 • www.juvenexspa.com • 24/7

✳ Moonflower Spa

In dieser intimen Wellnessoase im japanischem Stil werden besonders die Gesichtsbehandlungen empfohlen. Sie sind zu einem anständigen Preis bei gutem Service zu haben. Benutzt werden unterschiedliche, aber allesamt professionelle Produktlinien. Facials gibt es ab $ 40.

8 East 41st St • Subway Grand Central–42 St (4, 5, 6) • +1 212/683 8729 • www.moonflowerspa.com • Mo–Fr 11–21, Sa, So 11–20 Uhr

✳ Oasis Day Spa

Das Spa ist gut geschnitten und bietet einen Umkleideraum voller Annehmlichkeiten wie Duschen, eine kleine Sauna sowie einen Loungebereich mit Tee nach oder vor den Behandlungen. Sauber, entspannend und erfrischend.

1 Park Ave • Subway 33 St (6) • +1 212/254 7722 • www.oasisdayspanyc.com • Tgl. 9–21 Uhr

✳ Roosevelt Island

Es ist die älteste von nur drei Seilbahnen in ganz Amerika, die Manhattan mit Roosevelt Island verbindet. Früher standen auf der Miniinsel Kranken- und Strafanstalten, heute ist sie ein nahezu verkehrsfreies Wohngebiet mit viel Natur, wo man schön spazieren und Rad fahren kann.

Geht gar nicht

Wenn nicht gerade »women only« angesagt ist, müsst Ihr auch in der Sauna Badekleidung tragen. Da sind die Amis strikt.

Panoramablick über Manhattan eine spektakuläre Erfahrung. Leider sehr teuer.

80 Columbus Circle • Subway 59 St-Columbus Circle (A, B, C, D) • +1 212/805 8880 • www.mandarin oriental.com • Mo–Fr 6–21, Sa 7–21, So 7–19 Uhr

✶ The Peninsula Spa
Großräumige **Luxus-Wellnessoase** mit zwölf Behandlungsräumen, einem sonnendurchfluteten Fitnesscenter und einem Pool mit Panoramablick auf die Stadt. Mit asiatischer Tee-Lounge.

700 5th Ave • Subway 5 Ave–53 St (E, M) • +1 212/903 3910 • www.peninsula.com/newyorkspa • Tgl. 9–21 Uhr • Behandlungen ab $ 105

59th St und 2nd Ave • Subway 59 St (4, 5, 6) • +1 212/832 4555 • www.rioc.com • So–Do 6–2, Fr, Sa 6–3.30 Uhr • Einzelticket $ 2.25, Hin- und Rückfahrt $ 4

✶ Spa at Mandarin Oriental
Luxusspa im gleichnamigen Hotel am Columbus Circle. Wellness wird in diesem schicken Spa mit großartigem

Wem der Helikopter zu teuer ist, der nimmt einfach die Schwebebahn und gleitet elegant von Manhattan nach Roosevelt Island. →

Ausgehen

Midtown hat ein anderes Flair als die Lower East Side – schicke Bars, edle Cocktails und einige Anzugträger, schließlich gehen die geselligen New Yorker gerne noch auf einen After-Work-Drink. Aber auch hier findet man für jeden Geschmack etwas: Von der schnieken Penthouse-Bar bis zur partyfreudigen Eckkneipe ist die Auswahl groß. West Midtown bietet in Hell's Kitchen nachbarschaftliches Flair in lockerer Atmosphäre und eine wachsende Schwulenszene, in deren Bars oft gute Partystimmung herrscht. East Midtown ist ebenfalls entspannter als die Gegend voller Ketten rund um den Times Square, aber hier kommen und gehen die Kneipen recht schnell. Also Websites checken.

✳ B.B. King

In diesem **Rock- und Blues-Club** in der Nähe vom Times Square könnt Ihr jede Woche verschiedene Bands und Künstler sehen, auch bekannte wie z. B. Billy Joel. Aber auch als Bar oder Restaurant zu empfehlen. Es gibt eine kleine Tanzfläche. Kostet meist Eintritt, je nach Programm.

237 West 42nd St ▪ Subway 42 St–Port Authority (A, C, E) ▪ +1 212/997 4144 ▪ www.bbkingblues.com ▪ Tgl. 11–1 Uhr ▪ Eintritt ab $ 10

✳ Carnival at Bowlmor Lanes

Bar und Club mit echtem Zirkusflair am Times Square. Bei kleinen Appetizern und flüssigen Erfrischungen könnt Ihr Seiltänzer und Schwertschlucker bestaunen. Alle weiteren bekannten Zirkusaccessoires gibt es ebenso: Zuckerwatte, Ballons, Partyhüte und Spielsachen von der Lottobude. Niedlich!

Don't miss

K-Town: Koreatown wird von der 31. Straße im Süden, der 36. Straße im Norden, der 5. Avenue im Westen und der 6. Avenue im Osten begrenzt. Unbedingt dort einmal essen und ausgehen! Tolle Küche, witzige Nightlife-Erfahrung.

222 West 44th St, 5. Stock • Subway Time Square–42 St (N, Q, R, S, 1–3, 7) • +1 212/680 0012 • www.carnival nyc.com • Mo–Mi 16–0, Do 16–1, Fr, Sa 11–3, So 11–2 Uhr

✶ City Center Theater

Mitreißende (Tanz-)Theateraufführungen im orientalisch gestalteten Saal, der innen wie ein Schmuckkästchen aussieht – das City Center Theater möchte für eine breite Zuschauerschicht zugänglich sein und bietet ein abwechslungsreiches Programm von unterschiedlichen Gruppen.

131 West 55th St • Subway 57 St (N, R) • +1 212/581 7907 • www.nycity center.org • Eintritt ab $ 15

✶ Ed Sullivan Theater

Im Ed Sullivan Theater wird die Late Night Show aller Late Night Shows produziert: die mit **David Letterman**. Die Mischung aus Popkultur und Politik wird zwar erst spätabends auf CBS ausgestrahlt, aber bereits um 16.30 Uhr aufgezeichnet. Letterman ist der dienstälteste Late-Night-Moderator Amerikas. Aber nur noch bis 2015, danach übernimmt Stephen Colbert.

Broadway 1697 • Subway East 55 St (2) • +1 212/ 975 4755 • www.edsullivan.com • Eintritt frei

✶ est. 1986

Reizendes Ambiente mit schönen Tapeten, witzigen Bildern und einem Kamin, der mit seinem Feuerschein die perfekte Beleuchtung in diese kleine, aber **feine Weinbar** im zweiten Stock des »Hotel Stanford« in K-Town zaubert. Auch das Essen ist empfehlenswert.

43 West 32nd St • Subway 34 St– Herald Sq (B, D, F, M, N, Q, R) • +1 212/ 563 1500 • www.hotelstanford.com • So–Mi 18–2, Do–Fr 18–3 Uhr

✶ Holland Bar

Einfach nett was trinken gehen könnt Ihr hier: **kleine, angenehme Bar** im Stadtteil Hell's Kitchen. Günstige Getränke, gute Stimmung, lockere Atmosphäre ohne viel Tamtam. In der Jukebox findet jeder ein paar schöne Hits.

532 9th Ave • Subway 42 St–Port Authority (A, C, E) • +1 212/502 4609 • Mo–Sa 20–4, So 12–0 Uhr

David Letterman ist eine Institution im amerikanischen Fernsehen und auf dem Broadway.

Im »Pacha« wird getanzt und gefeiert – nicht wie im Morgenland, aber bis in den Morgen!

✴ Hotel Metro

Hippe **Dachbar** in der 13. Etage direkt neben dem Empire State Building, die gern von jungen Leuten für ein Feierabendbier besucht wird.

45 West 35th St • Subway 34 St–Herald Sq (N, Q, R) • +1 212/279 3535 • www.hotelmetronyc.com • Bei gutem Wetter tgl. geöffnet

✴ King Cole Bar

Man sagt, dass in dieser **edlen Hotelbar** die »Bloody Mary« erfunden wurde. Ihr könnt also davon ausgehen, dass hier die Drinks gut sind und nicht nur Hotelgäste einkehren. Manche Nacht wird hier lang.

East 55th St 2 • Subway 5 Ave–53 St (E, M) • +1 212/339 6857 • www.kingcolebar.com • Mo–Sa 11.30–1, So 12–0 Uhr

✴ Library Bar at Hudson Hotel

Hohe Wände, Säulen, ein Kamin, Ledersofas und tonnenweise Bücher: Diese **schöne Lounge** bietet ein gemütliches und edles Ambiente für einen Cocktail. Allerdings recht teuer.

Wodka, Tomatensaft, Tabasco und ein Stück Sellerie? In der »King Cole Bar« wurde dieser Drink erfunden: die Bloody Mary! →

356 West 58th St • Subway 59 St–Columbus Circle (1, 2, 3, A, B, C, D) • +1 212/554 6000 • www.hudsonhotel.com • Tgl. 12–1 Uhr

✴ Pacha

Riesiger **Club** in Hell's Kitchen mit toller Sound- und Lichttechnik, guten DJs, sehr gemischtem Publikum und Dancefloors auf vier Ebenen. Wirklich laut. Die Getränke sind sogar bezahlbar. Tipp: Über die Homepage könnt Ihr Euch auf eine Liste für reduzierte Tickets setzen lassen.

618 West 46th St • Subway 50 St (A, C, E) • +1 212/209 7500 • www.pachanyc.com • Mo–Fr 11–19, Fr, Sa 22–6 Uhr • Eintritt ab $ 25

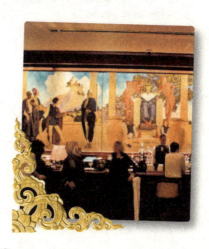

✶ Rare View

Im 16. Stock des Affinia Shelburne Murray Hill befindet sich das Rare View mit **atemberaubendem Ausblick** auf gleich zwei legendäre Wolkenkratzer: das Chrysler und das Empire State Building. Eine Etage tiefer kann man sich mit sehr guten Burgern stärken.

303 Lexington Ave • Subway 33 St (6) • +1 212/481 1999 • www.rarebarand grill.com • Mo, Di 16.30–0, Mi, Do 16.30–1, Fr, Sa 16.30–1.30 Uhr

✶ Slake

Hier könnt Ihr **tanzen bis zum Umfallen**, die anderen Gäste machen das ebenso. Wenn doch mal die bösen Schuhe drücken, könnt Ihr Euch auf den vielen Sofas auch ein bisschen erholen und Euch eins der recht starken Getränke gönnen. Achtung: Die Garderobe kostet stolze 4 Dollar.

251 West 30th St • Subway 34 St–Penn Station (1, 2, 3) • +1 212/ 695 8970 • www.slakenyc.com • Mo–Do 16–21, Fr 16–4, Sa 22–4 Uhr • Eintritt ab $ 20

✶ The Iris and B. Gerald Cantor Roof Garden

Romantischer Dachgarten auf dem Dach des Metropolitan Museum of Art. Wechselnde Skulpturen stehen zwischen viel Grün, durch die großen Scheiben blickt man auf den Central Park und die Skyline von Manhattan.

1000 5th Ave • Subway 86 St (4, 5, 6) • +1 212/535 7710 • www.met museum.org • Mai bis Okt So–Do 10–16.30, Fr, Sa 10–20.15 Uhr

✶ The Starry Night

Koreanische Lounge: Auf den Bildschirmen laufen koreanische Pop-

---

Geht gar nicht

Silvester am Times Square feiern: Er ist schon nachmittags so voll, dass man Platzangst bekommt, es ist meistens eiskalt und man kann nicht einmal mit Sekt anstoßen, weil Alkohol in der Öffentlichkeit verboten ist.

Videos, wenn nicht gerade der koreanische DJ auflegt. Wer Lust hat, kann den Karaokeraum buchen (bei einer Gesamtrechnung von 200 Dollar gibt es ihn auch drei Stunden gratis), und Ihr könnt vom Balkon aus mit einem Cocktail oder Sake das Treiben unter Euch beobachten. Dazu gibt es recht gute koreanische Gerichte.

28 West 33rd St • Subway 34 St–Herald Sq (N, Q, R) • +1 212/868 3392 • Mo-Mi 17-3, Do-Sa 17-4 Uhr, So geschlossen • Eintritt frei

↑ *Feiern, feiern, feiern. Ob bei einem Konzert oder einer Party: Im »Slake« könnt Ihr Eure neuen Schuhe ein- oder die alten kaputt tanzen.*

✳ Tonic East

Die **Bar** ist zwar groß, aber (wie die meisten New Yorker Bars) voller Bildschirme, auf denen Sport läuft. Trotzdem sehr partywilliges Volk: Wenn Ihr tanzen wollt, findet Ihr im Tonic eine große (volle) Tanzfläche. Darauf könnt Ihr zu allem tanzen, was gerade in den Charts angesagt ist (oder auch mal war), seid aber sicher nicht die einzigen Touristen. Die Angestellten können leider etwas unfreundlich sein. Bei schönem Wetter kann man auf der Dachterrasse anstoßen und Pub-Food genießen.

411 3rd Ave • Subway 28 St (6) • +1 212/683 7090 • www.toniceast.com • Tgl. 11-4 Uhr

✳ Upstairs at the Kimberly

Penthouse Bar des »Kimberly Hotel« mit Dach, das sich öffnen lässt, kleiner Terrasse und großartigem Blick über New York und das Chrysler Building. Gute, nicht ganz billige Cocktails (ca. 18 Dollar). Perfekt, um bei Sonnenuntergang in einen netten Mädelsabend zu starten.

145 East 50th St • Subway 51 St (6) • +1 212/702 1600 • www.upstairs nyc.com • Mo-Do 17-1, Fr, Sa 17-2, So 11-22 Uhr

Übernachten

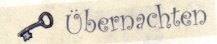

New York ist das teuerste Reiseziel der USA. Die Preise für eine Übernachtung in Manhattan sind gerade in Midtown mit denen in irgendeiner anderen Stadt der Welt nicht zu vergleichen. Der Durchschnittspreis für ein Hotelzimmer liegt bei etwa 400 Dollar pro Nacht. Zu diesem Preis kommt noch eine *city tax* von zwölf Prozent. Ein Doppelzimmer in einer Jugendherberge mit Dusche auf dem Gang gibt es kaum unter 80 Dollar. Wer rechtzeitig bucht (einige Monate im Voraus), kann aber Glück haben und ein preiswerteres Zimmer bekommen. Dafür findet Ihr in Midtown aber klassische New Yorker Hotels mit Stil und erreicht die bekanntesten Sehenswürdigkeiten zu Fuß.

✻ 414 Hotel

Preiswerte, nette Alternative zu herkömmlichen Hotels mit **22 einfachen aber geschmackvollen Zimmern** und einem Innenhof, in dem man bei schönem Wetter das Frühstück einnehmen kann.

414 West 46 St • Subway 50 St (C, E) • +1 212/399 0006 • www.414hotel.com • DZ ab $ 110

✻ Casablanca Hotel

Ausgezeichnetes Hotel, klein und charmant, dafür nicht ganz billig. Nahe der U-Bahn am Times Square. Nachmittags gibt es Wein und Käse gratis. Das im Hotel beheimatete »Rick's Café« strahlt Wohnzimmeratmosphäre aus.

147 West 43rd St • Subway Times Sq–42 St (1, 2, 3, N, Q, R, 7, S) • +1 212/869 1212 • www.casablancahotel.com • DZ ab $ 240

✻ Hotel Giraffe

Luftig und hell mit **schicken Räumen** und einer sonnigen Dachbar, in der man Tapas essen, Cocktails trinken und bei passendem Wetter auch frühstücken kann. Zwischen 17 und 20 Uhr werden gratis Wein und Käse serviert. Viele Zimmer mit kleinem Balkon.

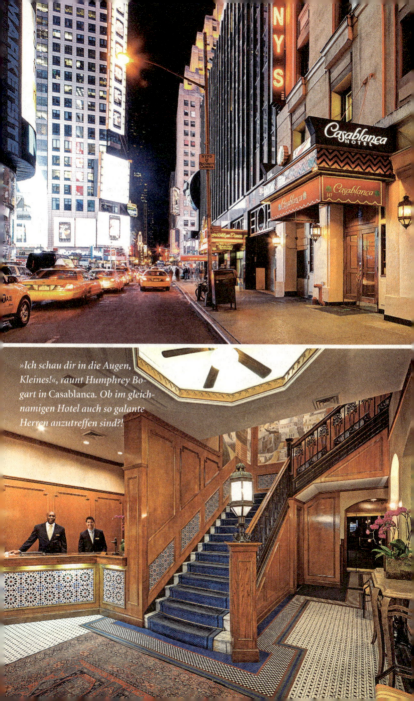

»Ich schau dir in die Augen, Kleines!«, raunt Humphrey Bogart in Casablanca. Ob im gleichnamigen Hotel auch so galante Herren anzutreffen sind?!

365 Park Ave South • Subway 28 St (6) • +1 212/685 7700 • www.hotel giraffe.com • DZ ab $ 220

✶ Ivy Terrace

Bed and Breakfast mit Zimmern zum Zuhausefühlen mitten in Midtown. Niedliche Terrasse. Leckeres Frühstück inklusive, ebenso WLAN und Ortsgespräche. Freundliche Besitzer, die tolle Insidertipps geben.

230 East 58th St • Subway 59 St (4, 5, 6) • +1 516/662 686 • www.ivy terrace.com • DZ ab $ 185

✶ New York Budget Inn

Hostel mit Gratis-WLAN und Zimmern mit eigenem oder Gemeinschaftsbad. Es gibt vom Einzel- bis zum Mehrbettzimmer alles.

200 East 34th St • Subway 33 St (6) • +1 212/689 6500 • www.hostel newyorkny.com • Bett ab $ 30

Don't miss

Die Hotelbars in New York, von denen viele auch bei Nicht-Hotelgästen beliebt und sehr schick sind. Es lohnt sich, dort einen gepflegten Cocktail zu trinken.

✶ Night Hotel

Dekadent-rockiges Hotel im **»Gothic Look«**, mit samtenen Vorhängen am Eingang und schnieken Räumen im modernen Schwarz-Weiß-Design. Die Bar »Red Moon« tischt vietnamesische und japanische Drinks und Gerichte auf.

132 West 45th St • Subway 49 St (N, Q, R) • +1 212/835 9600 • www.nighthotels.com • DZ ab $ 106

✶ Radisson Martinique on Broadway

Wer **zentral in Midtown** wohnen möchte, ist hier gut aufgehoben. Kurze Wege zum Empire State Building, zum Broadway und zur U-Bahn sind von großem Vorteil. Vieles kann man von hieraus zu Fuß erkunden. Sonst einfacher Standard mit einem Hauch von vergangenem Luxus. Ältestes betriebenes Hotel in New York. Gratis-WLAN, Fitnessraum und gutes Frühstück.

49 West 32nd St • Subway 34 St–Herald Sq (N, Q, R), 34 St–Penn Station (1, 2, 3) • +1 212/736 3800 • www.themartinique.com • DZ ab $ 180

✶ Row NYC

Um dieses Hotel herum pulsiert New York. Nicht besonders große, aber **moderne Zimmer**. Um die Ecke sind gleich der Times Square und der Theater District. Es gibt einen Fitnessraum.

700 8th Ave • Subway Times Sq–42 St (1,2, 3, 7, S), 42 St–Port Authority Bus Terminal (A, C, E), 49 St (N, Q, R) • +1 888/352 3650 • www.rownyc.com • DZ ab $ 160

✷ The Out NYC

»Das heterofreundliche Resort« nennt man sich selbst ironisch, denn hier sind alle willkommen, ob schwul, lesbisch oder was auch immer. Die Zimmer liegen um drei schöne Innenhöfe mit Bambus, Wasserfall und Whirlpool. Gäste können das Spa mit Sauna und Fitnessstudio nutzen. Und sogar ein Nachtclub ist mit im Haus. **Unterschiedliche Zimmerstandards** zu entsprechenden Preisen.

510 West 42nd St • Subway 42 St–Port Authority Bus Terminal (A, C, E) • +1 212/947 2999 • www.theoutnyc.com • DZ ab $ 66

145 East 39th St • Subway 51 St (6) • +1 212/355 0300 • www.thepodhotel.com • DZ ab $ 103

✷ Yotel

Futuristisches **Raumschiff goes Hotel**: Statt Zimmer gibt es Premium Cabins (Economy), First Cabins (Business) und VIP-Suiten (First). Letztere mit Terrasse und Whirlpool. Alle Räume mit deckenhohen Fenstern und toller Aussicht, außerdem Gemeinschaftsmikrowellen und -kühlschränke.

570 10th Ave • Subway 42 St–Port Authority Bus Terminal (A, C, E) • +1 646/449 7700 • www.yotelnewyork.com • DZ ab $ 100

✷ The Pod 39 Hotel

Hippes und gleichzeitig **funktionales Design** erwartet Euch in den Räumen des Pod 39. Die eklektische Lounge in der Lobby ist einladend, die Dachbar lichtdurchflutet, und im Spieleraum steht sogar eine Tischtennisplatte.

Upper East Side

Zwischen Central Park und East River,
Yorkville und Carnegie Hill –
jetzt wird's reich und grün

An der 59. Straße auf Höhe des »Plaza Hotel« beginnt die mondäne Upper East Side. Sie endet an der 103. Straße zwischen East River und 5th Avenue. Die Linie 6 ist die einzige U-Bahnlinie und wird deswegen stark frequentiert.

Zwischen der 61. und 81. Straße leben Multimillionäre – »einfache« Millionäre können sich die Gegend nicht leisten. Edle Kaufhäuser wie »Bloomingdale's« oder »Barneys« bieten unzählige Möglichkeiten, das Konto zu leeren. Aber auch »Dylan's Candy Bar« lockt – ein Süßigkeitenladen, der aussieht wie eine wahrgewordene Kinderfantasie, mit all den riesigen, bunten Lollis und Bonbons. Die Sonnenbrillen sind von Prada, Gucci und Chanel, und nicht nur die Schoßhündchen tragen echten Pelz.

Yorkville ist der Stadtteil zwischen 3rd Avenue und East River, in dem um 1900 viele deutsche Einwanderer gelebt haben, aber Spuren gibt es kaum noch. Bis heute befindet sich hier an der 89. Straße das Goethe-Institut (S. 55). Vereinzelt gibt es noch Geschäfte mit deutschen Produkten wie das Feinkostgeschäft »Schaller & Weber« an der 2nd Avenue.

Und nirgends sonst gibt es so viele Weltklassemuseen, die auf der berühmten Museumsmeile, aufgereiht wie Perlen, ein kulturelles Highlight nach dem anderen bieten. Der Central Park, immer in der Nachbarschaft, bietet sich für einen Spaziergang in der Sonne an und schmucke Cafés für ein Kultur- oder Shoppingpäuschen. Mit dem Nachtleben ist es nicht allzu weit her, wenn man wild abtanzen will, aber es gibt ein paar gute Bars und Kneipen. Essen gehen kann man auch hervorragend, aber wo in New York kann man das eigentlich nicht?

Kultur

Ganz New York ist reich an kulturellen Einrichtungen, aber die Upper East Side toppt alles. Die berühmte Museumsmeile beherbergt das großartige Metropolitan Museum mit einer der wertvollsten und größten Kunstsammlungen der Welt – ein kulturelles Highlight der Extraklasse und das beliebteste Museum New Yorks; ein Cocktail im Obergeschoss ist auch nicht zu verachten. Aber auch die anderen Museen sind einen Besuch wert, vor allem, wenn Ihr Euch für Kunst interessiert. Das Guggenheim ist schon wegen seiner Architektur sehenswert, das Whitney Museum bietet topaktuelle, manchmal streitbare Kunst.

✳ Asia Society

Museum und Lernzentrum in einem. Man kann hier auf moderne Weise Einblicke in die Vielfalt Asiens bekommen, ob bei einem Vortrag, einem Konzert, einem Film oder beim Besuch einer Ausstellung. Außerdem mit sehr schönem Museumsshop.

725 Park Ave · Subway 68 St–Hunter College (4, 6) · +1 212/288 6400 · www.asiasociety.org · Di–So 11–18 Uhr · Eintritt je nach Event

✳ Cooper Hewitt Design Museum

Grafikdesign, Produktdesign, Textildesign und Kunstgewerbe vom 13. Jahrhundert bis heute. Untergebracht ist das Museum in einem 64-Zimmer-Palais des Großindustriellen Andrew Carnegie. Schöner Museumsshop mit viel Design!

2 East 91st St · Subway 86 St (4, 5, 6) · +1 212/849 8400 · www.cooperhewitt.org · So–Fr 10–18, Sa 10–21 Uhr · Eintritt $ 18 (online $ 16), Sa 18–21 Uhr »Pay what you wish«

✳ Guggenheim Museum

Spektakuläre Architektur von Frank Lloyd Wright: Das Museum sieht aus wie ein abstrahiertes Schneckenhaus. Innen winden sich die Gänge spiralförmig um die große Halle. Die Sammlung besteht vor allem aus **Werken der europäischen Moderne** mit Schwerpunkt auf abstrakter Kunst (v. a. Kandinsky, Picasso, van Gogh). Die

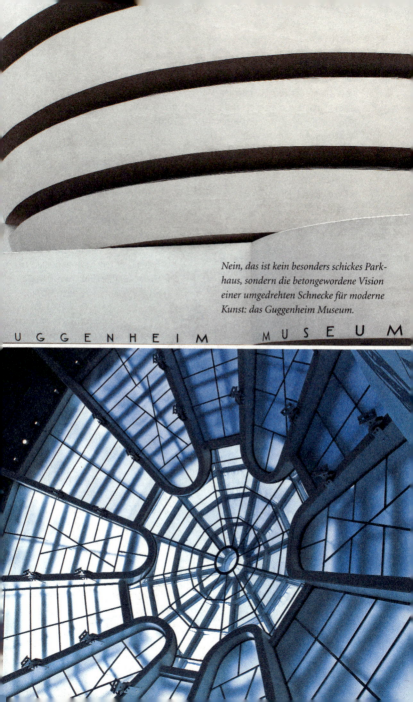

Nein, das ist kein besonders schickes Parkhaus, sondern die betongewordene Vision einer umgedrehten Schnecke für moderne Kunst: das Guggenheim Museum.

GUGGENHEIM MUSEUM

Wechselausstellungen zeigen die Crème de la Crème der zeitgenössischen Moderne. Samstags zwischen 17.45 und 19.45 Uhr gilt »Pay what you wish«: Ihr bezahlt so viel, wie Ihr wollt.

1071 5th Ave • Subway 86 St (4, 5, 6) • +1 212/423 3500 • www.guggenheim.org • Fr–Mi 10–17.45 Uhr • $ 22

✳ Jewish Museum

Das Museum beleuchtet 4000 Jahre **jüdischer Kultur** und umfasst die größte Sammlung jüdischer Kunst und Artefakte weltweit. Es finden auch Ausstellungen zu zeitgenössischen Aspekten des Judentums rund um die Welt statt.

1109 5th Ave • Subway 96 St (6) • +1 212/423 3200 • www.thejewishmuseum.org • Fr–Di 11–17.45, Do 11–20 Uhr • $ 15

✳ Museum of the City of New York

Das Museum of the City of New York zeigt die **Geschichte von New York City** und dessen Bevölkerung. Vor allem Kunst und Fotografie, die mit New York zu tun haben, werden hier ausgestellt, aber auch Kleider, Möbel, Graffiti und zum Beispiel ein Polizeiauto aus dem 19. Jahrhundert.

1220 5th Ave • Subway 103 St (6), Central Park North–110 St (2, 3) • +1 212/534 1672 • www.mcny.org • Tgl. 10–18 Uhr • Empfohlener Eintritt (»Pay what you can«) $ 10

✳ National Academy of Design Museum

Die National Academy of Design in New York City, heute einfach The National Academy, ist eine traditionsreiche Vereinigung US-amerikanischer Künstler, die auch ein Museum sowie eine Kunstschule unterhält. Wechselnde Ausstellungen **amerikanischer Kunst**.

1083 5th Ave • Subway 86 St (4, 5, 6) • +1 212/369 4880 • www.nationalacademy.org • Mi–So 11–18 Uhr • »Pay what you wish«

Don't miss

Das Metropolitan Museum (S. 92), wo niemand den vollen Eintrittspreis bezahlen muss. Wenn Ihr an der Kasse sagt, dass Ihr eine Spende geben wollt, zahlt Ihr nur so viel, wie Ihr könnt. Empfehlung: 7–10 Dollar für Studenten und 15–20 Dollar für Berufstätige.

Populäre Bilderwelten – die Society of Illustrators

Die amerikanische Illustration hat eine bedeutende Geschichte, ausgehend von der figurativen Malerei der 1940er- bis 1960er-Jahre. Die vielen Zeitschriften in New York ließen alle ihre Cover von Illustratoren zeichnen, das berühmte Magazin *The New Yorker* führt diese Tradition noch heute fort.

Die »Society of Illustrators« (s. unten) bietet den Illustratoren mit einer Mitgliedschaft ein künstlerisches Zuhause. Früher ein Männerverein, ist sie heute offen für alle professionellen Illustratoren und Illustratorinnen. Die Bandbreite ist enorm: Traditionelle Techniken finden sich genauso wie moderne und digitale. Immer gibt es Diskussionsveranstaltungen, auf denen berühmte Vertreter der Branche über ihre Arbeit sprechen, z. B. die Macher von *Ice Age* oder *Findet Nemo*. Hier werden spannende Wechselausstellungen von historischen und zeitgenössischen Illustratoren gezeigt, die die Vielseitigkeit und Popularität der Branche verdeutlichen.

✶ Neue Galerie

Kleines Museum in einer prunkvollen Villa, das **deutsche und österreichische Kunst** und Kunsthandwerk des 19. und 20. Jahrhunderts zeigt, das meiste aus zwei Privatsammlungen. Im Erdgeschoss lohnt das »Café Sabarsky« mit der womöglich besten deutsch-österreichischen Küche der Stadt; ein schöner heller Raum im Wiener Kaffeehausstil.

1048 5th Ave • Subway 86 St (4, 5, 6) • +1 212/628 6200 • www.neuegalerie.org • Do–Mo 11–18 Uhr • $ 20

✶ Society of Illustrators

Niedliches **Museum** mit toller Bar und Dachterrasse im 3. Stock (s. oben). Wechselausstellungen von historischen und zeitgenössischen Illustratoren, die die Vielseitigkeit der Branche zeigen. Dazu Preisverleihungen

Upper East Side

und wöchentliches Aktzeichnen mit tollen Modellen für alle, die Lust am Zeichnen haben (immer donnerstags ab 19 Uhr).

128 East 63rd St • Subway 59 St (4, 5, 6, N, Q, R) • +1 212/838 2560 • www.societyillustrators.org • Öffnungszeiten und Eintrittspreise variieren je nach Event

✶ The Frick Collection

Die Sammlung Frick zeigt in 16 Galerieräumen mehr als **1100 Kunstwerke** von der Renaissance bis ins ausgehende 19. Jahrhundert. Es finden regelmäßig Konzerte statt.

1 East 70th St • Subway 68 St–Hunter College (4, 6) • +1 212/288 0700 • www.frick.org • Di–Sa 10–18, So 11–17 Uhr • $ 20, Studenten $ 10

✶ The Metropolitan Museum

New York hat viele tolle Museen, aber das Metropolitan Museum gehört zu meinen **Lieblingskulturtempeln**. Es ist riesig! Das MET wird auch »vollständigstes Museum der Welt« genannt. Danach: Kaffee oder Martini in der

↑ *Erst ab zehn Jahren Zutritt! So kann man in der Frick Collection Kunst in aller Ruhe genießen.*

Lounge des Obergeschosses mit grandiosem Blick über den Central Park.

1000 5th Ave • Subway 86 St (4, 5, 6) • +1 212/535 7710 • www.metmuseum.org • So–Do 10–17.30, Fr, Sa 10–21 Uhr • $ 25 oder Spende

✶ Whitney Museum

Sammlung **amerikanischer Kunst** des 20. und 21. Jahrhunderts und Ausstellungen auf höchstem Niveau. Alle zwei Jahre feiert die Whitney-Biennale aktuelle Trends der amerikanischen Kunstszene.

945 Madison Ave • Subway 77 St (4, 5, 6) • +1 212/570 3600 • www.whitney.org • Mi, Do 11–18, Fr 13–21, Sa, So 11–18 Uhr • ab $ 16

Don't miss

Einen wirklich guten Kaffee nach einer Tour durch all die Museen im »Café Joe« in der Nähe des Whitney Museum.

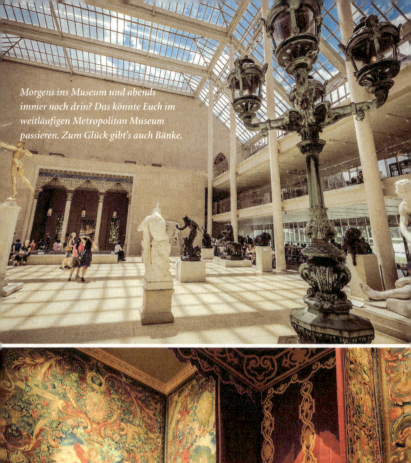

Morgens ins Museum und abends immer noch drin? Das könnte Euch im weitläufigen Metropolitan Museum passieren. Zum Glück gibt's auch Bänke.

Shopping

Um die Madison Avenue herum bis hoch zur 75. Straße kann auf der Upper East Side geshoppt werden. Die feinsten Kaufhäuser der 5th Avenue befinden sich auf der Upper East Side, aber ebenso edle Boutiquen. Einkaufen ist hier eher eine noble Angelegenheit – der Reichtum der Bewohner färbt auch auf die Preise ab. Wer von den Preisschildern eine kleine Pause braucht, kann dann gleich Geld in einem der vielen Feinkostläden lassen. Zum Glück gibt es die Museen – nicht nur für den Kulturgenuss: Sie haben alle Museumsshops, in denen man schöne New-York-Erinnerungsstücke erstehen kann.

✶ Barneys New York

Barneys New York ist ein **Shoppingerlebnis**, nicht zuletzt dank der fantasievoll dekorierten Schaufenster. Hier gibt es Tragbares von Hunderten von Topdesignern zu bestaunen und zu kaufen. Auch umweltfreundliche Marken wie Stella McCartney und Loomstate sowie Kosmetik, Schmuck, Schreibwaren und mehr. In der 9. Etage liegt das »Freds«, das stolz auf seine frische, edle Bioküche ist und gern von Promis und schönen Damen besucht wird.

660 Madison Ave • Subway 59 St (4, 5, 6) • +1 212/826 8900 • www.barneys.com • Mo–Fr 10–20, Sa 10–19, So 11–19 Uhr

✶ Bloomingdale's

Es ist fast unmöglich, durch New York City zu gehen, ohne zumindest eine »Big Brown Bag« oder »Little Brown Bag« zu sehen – die ikonografischen Einkaufstaschen von Bloomingdale's. Das Kaufhaus ist ein **Muss für Fashionistas**, die sowohl teure Luxusdesigns als auch zeitgemäße und preiswertere Teile in ihre Kleiderschränke stecken wollen. Bloomingdale's ist inzwischen fast 125 Jahre alt und zu einer nationalen Kette ange-

Don't miss

Die vielen Museumsshops auf der Museumsmeile – hier findet man viele ausgefallene Mitbringsel.

BARNEYS NEWYORK

Man kann gar nicht genug kriegen von diesen Luxuskaufhäusern! Zum Glück ist Manhattan voll davon.

wachsen. Aber nichts geht über das Original-»Bloomie« mit seinem schwarzweiß karierten Marmorboden. Es bietet die umfangreichste Auswahl gerade für jüngere Frauen, aber auf acht Etagen ist eigentlich für jede was dabei.

1000 3rd Ave • Subway 59 St (4, 5, 6) • +1 212/705 2000 • www.bloomingdales.com • Mo–Mi 10–20.30, Do–Sa 10–22, So 10–21 Uhr

✳ Goodwill Industries

Goodwill Industries betreibt 39 Filialen in und um New York, die neue und kaum gebrauchte **Kleidung und Haushaltswaren** für wenig Geld anbieten, und das für einen guten Zweck: Sie unterstützen vom Erlös Menschen mit Behinderung und organisieren Programme für Kinder und Jugendliche.

1704 2nd Ave • Subway 86 St (4, 5, 6) • +1 212/831 1830 • www.goodwillnynj.org • Mo–Sa 10–20.30, So 10–19.30 Uhr

✳ Lester's

Für die daheimgebliebenen Neffen und Nichten oder den eigenen Nachwuchs: Hübsche **Baby- und Kinderklamotten** unterschiedlicher Marken gibt es hier. Auch für Teenager!

1534 2nd Ave • Subway 77 St (6) • +1 212/734 9292 • www.lesters.com • Mo–Mi, Fr 10–19, Do 10–20, Sa 10–18, So 11–18 Uhr

✳ Make Meaning

Bastelläden sind normalerweise ziemlich piefig – in Deutschland! In Amerika ist das etwas ganz anderes. Hier findet man auf fünf Etagen Dinge, von denen man nicht geglaubt hätte, dass man sie selber basteln kann! Hier gibt es alles für besonders Bastelbegabte und auch für Mädels mit zwei linken Händen. Ob Perlen für selbstgemachten Schmuck oder essbare Deko für die schrille Torte, unterhaltsam ist es hier allemal.

1501 3rd Ave • Subway 86 St (4, 5, 6) • +1 212/744 0011 • www.makemeaning.com • Mo–Do 10–21, Fr, Sa 10–22, So 10–20 Uhr

✳ Marimekko

Wer auf wunderschöne, ausgefallene **Muster und Designs** steht, wird bei

Don't miss

Einen gediegenen Schaufensterbummel mit *people watching* auf der Madison Avenue – reiche alte Damen und echte Ladys mit teuren Täschchen und Hündchen.

Marimekko glücklich – wenn der Geldbeutel gefüllt ist. Ihr findet hier Kleidung, Stofftaschen, Geldbörsen, Socken, Küchen- und andere Einrichtungsartikel.

1262 3rd Ave • Subway 77 St (6) • +1 212/628 8400 • www. kiitos marimekko.com • Mo–Sa 10–19, So 12–17 Uhr

✶ Monograms Off Madison

Diese charmante Boutique verkauft Zubehör wie Handtücher, Stofftaschentücher und vieles mehr, wovon das meiste personalisiert werden kann. Es gibt mehr als 50 verschiedene **Monogrammstile** von einzelnen Buchstaben bis hin zu vollständigen Namen. Ihr könnt Produkte kaufen und sie mit Eurem Namenszug versehen lassen oder selbst etwas mitbringen, Handtücher zum Beispiel. Alles kann innerhalb einer Woche bestickt werden.

29 East 93rd St • Subway 96 St (6) • +1 646/546 5993 • www.monograms offmadison.com • Mo–Mi 10–18, Do 10–20, Fr 10–18 Uhr

✶ Schutz

Nicht nur zur WM ist Brasilien ein faszinierendes Land, auch seine Klamottenmarken können sich sehen lassen: Schutz verkauft **Schuhe**, von Ballerinas bis High Heels, und Accessoires, die nicht nur unter Insidern Kult sind; gerne mit Glitzer und Samt. Der Laden erinnert an eine schicke Kunstgalerie.

655 Madison Ave • Subway 59 St (4, 5, 6) • +1 212/257 4366 • www.schutz-shoes.com • Mo–Sa 10–20, So 11–19 Uhr

✶ Vosges

Kakao deluxe! Dieser **Schokoladenladen**, der bereits in SoHo viele Liebhaber gefunden hat, verführt nun auch an der Upper East Side Zuckermäulchen mit Stil. Hier sogar mit exklusiver Eisstation.

1100 Madison Ave • Subway 86 St (4, 5, 6) • +1 212/717 2929 • www.vosges chocolate.com • Tgl. 11–20 Uhr

»Ich will keine Schokolade!« Das wäre aber schade, denn bei »Vosges« gibt es diese von besonders guter Qualität. →

Restaurants & Cafés

Vornehme Restaurants, in die man nur mit einer Platin-Kreditkarte kommt? Ja, die gibt es auf der Upper East Side auch – aber nicht nur. Die Upper East Side, früher nicht gerade für kulinarische Überraschungen bekannt, hat in den letzten Jahren ein paar aufregende Restaurants aus aller Herren Länder hinzugewonnen, vor allem welche, die sich auch ein Normalverdiener ohne Probleme leisten kann. Die schicken, teuren Restaurants, in die die reichen Damen zum Lunch gehen und die einen Türsteher haben, werden natürlich weiterhin bleiben und das mittlerweile vielfältige kulinarische Bild abrunden.

✳ Alloro

Eine italienische Trattoria mit modernem Touch und aufregenden Gerichten, die die *cucina alla mamma* mit kreativer Abenteuerlust verbinden und dabei wunderbar ausgewogen sind.

307 East 77th St • Subway 77 St (6) • +1 212/535 2866 • www.alloronyc.com • Mo–Do, So 17.30–22.30, Fr, Sa 17.30–23.30 Uhr

✳ Beyoglu

Türkisches Restaurant, das niemals leer ist. Kein Wunder, denn für wenig Geld bietet es ausgezeichnete **türkische Küche**. Außerdem gibt es viel Platz auch für Gruppen zum Draußensitzen. Sehr selten in New York!

200 East 81st St • Subway 77 St (4, 6) • +1 212/650 0850 • So–Do 12–10.30, Fr, Sa 12–23 Uhr

✳ Café Boulud

Haute Cuisine! Über Chefkoch Daniel Boulud gibt es sogar schon einen Dokumentarfilm. Kein Wunder, ihm wurden bereits drei Michelin-Sterne verliehen.

20 East 76th St • Subway 77 St (6) • +1 212/772 2600 • www.cafe

Don't miss

Einen echten amerikanischen *Cheesecake* in einem der vielen Cafes oder einer Bäckerei probieren und das Kalorienzählen dabei sein lassen.

boulud.com • Mo–Sa 11–23, So 11.30–23 Uhr

✶ Café D'Alsace

Französische Brasserie mit bodenständiger, aber schmackhafter Küche und reizender Einrichtung, die an die Ausstattung eines Godard-Films erinnert. Portionen sind sehr großzügig. Große Bierauswahl, auch schön zum Brunchen.

1695 2nd Ave • Subway 86 St (6) • +1 212/722 5133 • www.cafe dalsace.com • Mo–Mi 10.30–23, Do, Fr 10.30–0, Sa 9–0, So 9–23 Uhr

✶ Candle Cafe

Bevor die meisten wussten, was das überhaupt ist, servierte das Candle Cafe bereits **vegane Küche**. Herrlich gewürzte Gerichte und köstliche Suppen lassen jeden Fleischesser konvertieren – wenigstens für einen Besuch.

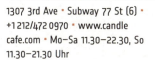

1307 3rd Ave • Subway 77 St (6) • +1 212/472 0970 • www.candle cafe.com • Mo–Sa 11.30–22.30, So 11.30–21.30 Uhr

✶ El Paso Taqueria

Lebhaftes Lokal mit hellgrünen Wänden, aztekischem Kunsthandwerk und glänzenden Holztischen. Aber natürlich

↑ *Der New Yorker Käsekuchen ist legendär. Außerdem macht er klug, hilft gegen Stirnfalten und verleiht einen strahlenden Teint (zwinker, zwinker).*

zählt hier vor allem das gute mexikanische Essen mit seinen **Tacos, Burritos und Fajitas**. Obendrauf gibt es unbekanntere regionale Spezialitäten.

1643 Lexington Ave • Subway 103 St (6) • +1 212/831 3104 • www.elpaso ny.com • So–Do 11–23, Fr, Sa 11–0 Uhr

✶ J.G. Melon

Dieser nette Laden ist immer voll, das Klientel jung und schickimicki. Aber die **Burger** sind prima, man kann fantastisch draußen sitzen und dabei hervorragend Leute beobachten.

1291 3rd Ave • Subway 77 St (4, 6) • +1 212/744 0585 • Tgl. 11.30–4 Uhr

Upper East Side

✶ Le Pain Quotidien

Charmante Kette aus Belgien mit **köstlichem Brot**. Hier könnt Ihr ein Päuschen machen und Sandwiches oder süße Stückchen essen. Auch frühstücken ist eine gute Idee: einfach, rustikal und sehr lecker. Wer unbedingt Kalorien zählen möchte, kann auch einen der vielen Salate probieren.

1131 Madison Ave • Subway 86 St (4, 5, 6) • +1 212/327 4900 • www. lepain quotidien.com • Mo–Fr 7.30–19, Sa, So 8–19 Uhr

✶ Luke's Lobster

Die Besitzer sind Vater und Sohn und kommen aus Maine, dem Staat der Hummer. Sie haben die traditionelle »**lobster roll**« (Hummer mit *tartar sauce* im Brötchen) mitgebracht und viele New Yorker damit kulinarisch erfreut.

242 East 81st St • Subway 77 St (6) • +1 212/249 4241 • www.lukes lobster.com • Mo–Do, So 11–22, Fr, Sa 11–23 Uhr

✶ Moti Mahal Delux

Traditionelle Mughlaiküche, die von ganz mild bis sehr scharf variiert und unter anderem von der persischen Küche mit ihren herzhaften Kebabs und Köfte beeinflusst ist. Wenn Ihr Euch durchprobieren wollt, kommt am Besten zur Mittagszeit, um das großzügige und preiswerte Lunchbuffet für $ 11.95 zu kosten. Auch sehr gut für Vegetarierinnen geeignet.

1149 1st Ave • Subway Lexington Ave–63 St (F) • +1 212/371 3535 • www.motimahaldelux.us • Tgl. 12–23 Uhr

✶ Nancy Lee's Pig Heaven

Das scharf-süße Hühnchen ist besonders beliebt in diesem **taiwanesischen Restaurant**. Auch die Spareribs und danach die extradicken Nudeln sind richtig gut – eine Institution an der Upper East Side.

1420 3rd Ave • Subway 77 St (6) • +1 212/744 4887 • www.pigheaven nyc.com • So–Do 12–23, Fr, Sa 12–1 Uhr

✶ Sandro's

Römische Genüsse wie in Italien. Selbstgemachte Pasta, freundlicher Service: Eine charmante Trattoria mit traditioneller italienischer Küche, die nach mehr schmeckt!

306 East 81st St • Subway 77 St (6) • +1 212/288 7374 • www.sandros nyc.com • Mo–Sa 17–23, So 16.30–22 Uhr

✳ Sarabeth's

Köstliche Kräuteromelettes, Ricotta-Pfannkuchen oder buttrige Scones könnt Ihr hier zum **Brunch** genießen. Besser unter der Woche kommen, um die Massen am Sonntag zu vermeiden.

1295 Madison Ave • Subway 96 St (6) • +1 212/410 7335 • www.sara beths.com • Mo–Sa 8–22.30, So 8–22 Uhr

✳ Serafina

Nicht italienische Küche, sondern norditalienische und **toskanische Küche** bietet das Serafina. Große Holztische, an denen einem jungen Publikum exzellente Pasta und hauchdünne, knusprige Pizza serviert wird, auch gerne mal mit ungewöhnlichen Zutaten.

1022 Madison Ave • Subway 77 St (6) • +1 212/734 2676 • serafina restaurant.com • Tgl. 11.30–23.30 Uhr

✳ Sfoglia

Das Sfoglia bereitet **rustikale italienische Küche** mit Zutaten frisch vom Bauernhof zu. Nicht nur in der Nachbarschaft sehr beliebt, empfiehlt sich für dieses Lokal mit nur zehn Tischen eine rechtzeitige Reservierung.

1402 Lexington Ave • Subway 96 St (6) • +1 212/831 1402 • www.sfoglia restaurant.com • Mo 17.30–22, Di–Sa 12–14.30, 17.30–22.30, So 12–14.30, 17.30–22 Uhr

✳ Two Little Red Hens

Die Upper-East-Side-Bäckerei backt alle amerikanischen Klassiker genauso, wie sie sein sollen – **Cupcakes, Schokoladenkekse, Muffins** –, und auch ihr Käsekuchen ist ausgezeichnet. Besonders der mit der Kekskruste und einem Turm aus der perfekt cremigen Füllung.

1652 2nd Ave • Subway 86 (4, 5, 6) • +1 212/452 0476 • www. twolittle redhens.com • Mo–Do 7.30–21, Fr 7.30–22, Sa 8–22, So 8–21 Uhr

✳ Uva

Rustikal-charmante Weinbar mit Restaurant, in der es sich gemütlich brunchen oder Abend essen lässt, auch in dem niedlichen Innenhof. Mediterrane Küche und Kleinigkeiten à la Tapas aus Spanien könnt Ihr Euch hier schmecken lassen. Natürlich zu einem guten Glas Wein.

1486 2nd Ave • Subway 77 St (4, 6) • +1 212/472 4552 • www. uva nyc.com • Mo–Fr 16–2, Sa 11–2, So 11–1 Uhr

Upper East Side

Wellness

Auch erholsam kann sie sein, die Upper East Side: Schräg gegenüber des »Plaza Hotel« lockt das Grün des Central Parks. New Yorks grüne Lunge trifft auf die eleganteste Gegend Manhattans. Erholung pur könnt Ihr im Central Park erleben, Zeit für ein Picknick oder einen Zoobesuch. Eine Laufstrecke führt wie eine Autobahn rund um den Park und ist immer von vielen Läufern frequentiert. Wer will, kann sogar rudern oder reiten. Bei einem Spaziergang durch die elegante Upper East Side sind beeindruckende Stadthäuser und Brownhouses zu bewundern. Wenn Ihr abends in die beleuchteten Fenster schaut, könnt Ihr sehen, wie richtig reiche New Yorker leben. Die Spa-Salons hier reichen von ultraschick bis unprätentiös professionell.

✻ Dusnee Thai Spa

Einfache Massage ohne Schnickschnack. Thai-, schwedische und Paarmassagen. Keine Duschen oder Umkleideräume, aber **professionelle Therapeuten** mit echtem Fingerspitzengefühl für Wehwehchen und Blockaden im Körper.

767 Lexington Ave, Suite 303 • 59 St (4, 5, 6, N, Q, R) • +1 212/759 6618 • www.dusneethaispa.com • Mo–Sa 10–20 Uhr • 60 Min. Massage ab $ 105

✻ the nail place

Aus Meersalz, Backpulver, Gelatine und herkömmlichem Wasser wird ein seidiges, nach Pfefferminz duftendes Gelee hergestellt, das Eure müden Füße erst zart und schön werden und dann Eure Zehennägel in neuem Glanz erstrahlen lässt. Davor gibt es eine **Bein- und Fußmassage** – wenn Ihr die Jelly-Pediküre bucht. Aber auch reguläre Maniküre ist hier für einen vernünftigen Preis zu haben.

791 Lexington Ave, 2. Stock • 59 St (4, 5, 6, Q, N, R) • +1 212/421 3434 • www.thenailplacenyc.com • Mo–Fr 9.30–20, Sa 9.30–19 Uhr • ab $ 26

Don't miss

Mit dem Fahrrad durch die Upper East Side und den Central Park. Fahrradverleihe gibt es en masse, einfach googeln.

Auf John Lennons Spuren durch den Central Park

Ihr startet am »Café Sabarsky«. Es liegt an der 5th Avenue und 86. Straße in der Neuen Galerie, einem Museum für Deutsche und Österreichische Kunst (S. 91). Ihr könnt dort bei alteuropäischem Flair ein Sandwich oder ein Stück Kuchen genießen, um dann auf Höhe der 85. Straße den Central Park zu betreten.

Dieser berühmteste aller Parks wurde 1873 eingeweiht und dient als grüne Lunge New Yorks. Die wohlhabenden Bürger (und Geldgeber) fühlten sich nach der Eröffnung von den Ärmeren belästigt. Es wurde unter anderem verboten, sein Vieh zum Grasen in den Park zu treiben. Egal zu welcher Jahreszeit, dieser wunderschöne Park zieht immer Menschen an. Jährlich sind es 25 Millionen Besucher. Er ist etwa vier Kilometer lang und 850 Meter breit.

Ihr durchquert den Park Richtung Westen. Nördlich der Fußwege (es gibt mehrere, die Ihr nehmen könnt) liegt das Jacqueline Kennedy Onassis Reservoir, ein riesiges Wasserbecken, an dessen Ufer Ihr Richtung Westen entlangschlendern könnt. Auf der anderen Seite des Parks auf Höhe der 8th Avenue geht Ihr links Richtung Süden, bis Ihr auf Höhe der 72. Straße gelangt: Dort befindet sich ein besonderes Denkmal. *Strawberry Fields Forever*, der berühmte Hit der Beatles, gab dem Platz im Central Park, den Strawberry Fields, seinen Namen: Hier befindet sich ein von Yoko Ono gestaltetes, kreisrundes Mosaik, auf dem der Schriftzug »Imagine« zu lesen ist, in Erinnerung an John Lennons berühmtes Lied. Er wurde in der Nähe vor seinem Wohnhaus in der 79. Straße, dem Dakota (S. 120), am 8. Dezember 1980 erschossen. Jährlich pilgern viele Fans zu diesem Denkmal und legen Blumen nieder. In diesem Breich des Parks findet Ihr auch viele schöne Plätzchen für ein Picknick oder Bänke zum Ausruhen.

Ausgehen

Die Upper East Side ist nicht gerade ein Partypflaster wie ihre wilde Schwester, die Lower East Side. Aber auch hier kann man ausgehen. Obwohl die Upper East Side tatsächlich auch für ihre sich gleichenden Kneipen und billigen Pinten für trinkfreudige, aufdringliche Typen bekannt ist, finden sich hier sehr nette Locations – klassische Hotelbars und gemütliche Bierbars mit Eckkneipen-Touch und Barkeeper, der mit einem ein Schwätzchen hält. Aber es tut sich immer mehr: In letzter Zeit haben ein paar sehr hippe Locations im Norden aufgemacht, die die Upper East Side für die Abendgestaltung auch für Besucher aus anderen Teilen New Yorks attraktiv machen.

✷ ABV

Eine **Weinkarte mit 50 Sorten**, europäisches Bier und die obligatorische Wand, bei der die Ziegelsteine sichtbar sind, finden sich in vielen New Yorker Bars, die was auf sich halten. Auch hier, dafür gibt es keine Cocktails.

1504 Lexington Ave • Subway 96 St (6) • +1 212/722 8959 • www.abvny.com • So–Do 17–23, Fr 17–1, Sa 17–0 Uhr

✷ Bondurants

Amerikanisches Wirtshaus mit gutem Essen, Bieren und Cocktails und charmant-altmodischem Touch. Netter als die vielen Sports Bars auf der 2. Avenue mit ihren Flatscreens und lärmenden Horden. Am Wochenende kann es recht voll werden.

303 East 85th St • Subway 86 St (4, 5, 6) • +1 212/249 1509 • www.bondurantsnyc.com • So–Do 16–2, Fr 16–4, Sa 11–4 Uhr

Don't miss

Einen »Pub-Crawl« im Stadtteil Yorkville. Einst Heimat vieler deutscher Auswanderer, finden sich hier heute viele schöne Bars für einen Cocktail oder ein Bier.

✷ Brandy's Piano Bar

Talentierte **Pianisten** und Sänger unterhalten in dieser kleinen Bar mit Hits aus Pop, Rock und Musicals vom Broadway. Am Wochenende kann es sehr voll werden, Schlange stehen inklusive. Am besten vor 21 Uhr kommen, dann bekommt man noch einen Tisch. Dafür ist der Eintritt frei.

235 East 84th St • Subway 86 St (6) • +1 212/744 4949 • www.brandyspianobar.com • Di–So 16–4 Uhr

✳ Caledonia

Nicht nur für Fans schottischen Whiskys ein schöner Ort, um die Abendgestaltung zu beginnen oder fortzusetzen. **Authentisches schottisches Pub** mit spaßiger Jukebox für die persönlichen Musikwünsche.

1609 2nd Ave • Subway 86 St (4, 5, 6) • +1 212/879 0402 • www.caledoniapub.com • Tgl. 16–4 Uhr

✳ Drunken Munkey

Dieses indische Restaurant mit sehr gutem Essen ist gleichermaßen eine Cocktailbar mit fantasievollen und **gut gemixten Cocktails**. Die exotische Inneneinrichtung erinnert an ein Filmset von *Indiana Jones*, natürlich mit hölzerner Affensculptur.

338 East 92nd St • Subway 96 St (4, 6) • +1 646/998 4600 • Mo–Do 16.30–2, Fr 16.30–3, So 11–2 Uhr

✳ DTUT

DTUT steht für »Downtown, Uptown«, und »Downtown« wurde mit diesem **sympathischen Café** mit Bar charmant an die Upper East Side geholt. Verschiedene Sofas, Mauerwerk und Kaffeehaustische machen ein gemütliches und sehr großes Wohnzimmer aus dieser Location. Ob Tag oder Nacht: Hier könnt Ihr Kaffeespezialitäten oder einfach ein schönes Glas Wein oder Bier genießen. Einmal im Monat ist Weinprobe.

1744 2nd Ave • Subway 96 St (4, 6) • +1 212/410 6449 • So–Do 7–0, Fr, Sa 7–2 Uhr

✳ Earl's Beer and Cheese

Wunderschönes Wandbild mit Rehen! Eine tolle Bierauswahl und eine leckere Speisekarte mit Käsespezialitäten machen diese Bar extrem beliebt. Die Stimmung ist sehr gut; junges, aber angenehmes Publikum, das dieses **versteckte Kleinod** schätzt und feiert.

1259 Park Ave • Subway 96 St (6) • +1 212/289 1581 • www.earlsny.com • Mo, Di 17–0, Mi, Do, So 11–0, Fr, Sa 11–2 Uhr

✳ Jones Wood Foundry

Englisches Pub mit – natürlich! – britischem Flair. Holzdielenboden und -decke, Wände aus roten Ziegelsteinen, wunderschöne, bodentiefe Fenster wie in einem englischen Dorf: An einem

Herbstabend kann es nichts Gemütlicheres geben. Ist es wärmer, tut's auch der schöne Innenhof. Essen und Trinken schmeckt mit Klassikern wie *Fish & Chips* oder *Sheperd's Pie*.

---

401 East 76th St · Subway 77 St (4, 6) · +1 212/249 2700 · www.joneswoodfoundry.com · Tgl. 11–0 Uhr

✷ Ryan's Daughter

Ryan's Daughter ist ein ausgezeichneter Ort, um den Abend nach einem schönen Essen entspannt ausklingen zu lassen. **Lockere Atmosphäre**, freundliche Einheimische und Aktivitäten wie Billard, Dart und Gesellschaftsspiele. Biere vom Fass für 6–8 Dollar.

---

350 East 85th St · 86 St (4, 5, 6) · +1 212/628 2613 · www.ryansdaughternyc.com · Mo–Sa 10–4, So 12–4 Uhr

✷ Subway Inn

Freundliche, **kultige Bierkneipe** zwischen den Wolkenkratzern mit guter Mischung an Leuten – von entspannten Stammgästen bis zu Anzugträgern. Alles andere als superhip. Aber für ein gemütliches After-Shopping-Bier, wenn es mal nicht so schickimicki sein soll, genau richtig.

---

143 East 60th St · Subway 59 St (4, 5, 6, N, Q, R) · +1 212/752 6500 · www.viewmenu.com · Tgl. 10–4 Uhr

✷ The Auction House

Trinken wie eine Gräfin in ihrem Waldschlösschen. Es gibt keine heimeligere Bar auf der Upper East Side: Mauerwerk, samtene Sessel und Kronleuchter. Hier trifft Gediegenheit auf **urbane Gemütlichkeit**.

---

300 East 89th St · Subway 86 St (4, 5, 6) · +1 212/427 4458 · www.auctionhousenyc.com · Mo–Do 19.30–3, Fr, Sa 19.30–4, So 19.30–2 Uhr

✷ The Gilroy

Köstliche Cocktails (z. B. der »Phil Collins«), ausgezeichneter Service und eine Bar, die pulsiert, als ob sie in Downtown wäre. Die Cocktails sind nicht billig, aber dafür groß.

1561 2nd Ave · Subway 77 St (4, 6) · +1 212/734 8800 · www.thegilroynyc.com · Mo–Fr 17–4, Sa, So 12–4 Uhr

---

Geht gar nicht

Auf der Upper East Side gibt es leider auch Sports Bars mit aufdringlichen Verbindungsbrüdern. Am besten die entsprechenden Kneipen meiden.

✴ The Guthrie Inn

Ein einzelner Kronleuchter setzt die **holzgetäfelte Bar** stimmungsvoll in Szene und erinnert an ein altes »Speakeasy« (illegale Bar während der Prohibition). Trotzdem hat sie genug bodenständigen Touch, um auch als gemütliche Nachbarschaftsbar zu gelten. Gute Cocktails um die 10 Dollar.

1259 Park Ave • Subway 96 St (6) • +1 212/423 9900 • Mo, So 17–0, Di–Sa 17–2 Uhr

✴ The Jeffrey

Niedliche **kleine Bierbar** mit gutem Pub Food und Brunch, freundlichem Service und sehr ordentlicher Bierauswahl vom Fass, viele Sorten von Kleinbrauereien aus der Umgebung. Auch Cocktails.

311 East 60th St • Subway 59 St (N, Q, R) • +1 212/355 2337 • www.thejeffreynyc.com • Mo–Do 7–2, Fr 7–4, Sa 9–4, So 9–2 Uhr

✴ The Penrose

Antike Leuchter, eine lange, geschwungene Theke und die elegant gemusterte Tapete verleihen dieser Bar ihr Flair. **Junges, szeniges Publikum**. Die Cocktails sind okay, die Bierauswahl gut, der Burger lecker ($ 12).

1590 2nd Ave • Subway 86 St (4, 5, 6) • +1 212/203 2751 • www.penrosebar.com • Mo–Do 15–4, Fr 13–4, Sa, So 11–16 Uhr

✴ The Pony Bar

Nette Bar mit guter Stimmung und vielen leckeren Bieren vom Fass, die laufend wechseln. Das Richtige für einen lustigen Abend ohne viel Bohei.

1444 1st Ave • Subway 77 St (4, 6) • +1 212/288 0090 • www.theponybar.com • Mo–Fr 15–4, Sa, So 12–4 Uhr

✴ Vinus and Marc

Mit gedämpftem Licht kommt diese kleine **Cocktailbar** daher: schick und trotzdem gemütlich. Neben den Cocktails sind auch die Snacks sehr zu empfehlen, vor allem zur Happy Hour.

1825 2nd Ave • Subway 96 St (4, 6) • +1 646/692 9105 • www.vinusandmarc.com • Mo–Mi 12–2, Do, Fr 12–3, Sa 11–3, So 11–1 Uhr

Übernachten

Die Upper East Side hat nicht nur eine der höchsten Millionärsdichten der Welt, sie bietet auch für Übernachtungen Luxus und Exklusives. Da ja schon gewöhnliche Dinge in New York viel kosten, könnt Ihr Euch vorstellen, dass man für eine Übernachtung hier woanders ein bis zwei Wochen Urlaub machen kann, aber Adel verpflichtet. Dafür können die Hotels mit illustren Gästen aufwarten: Im »Carlysle Hotel« stiegen schon Präsident Kennedy und Marilyn Monroe ab. Montagabends spielt hier Woody Allen manchmal Klarinette. Ab und zu schaut Mick Jagger vorbei. Wer aber auf Berühmtheiten und Art déco verzichten kann, findet auch auf der Upper East Side bezahlbare Hotels.

✴ Affinia – The Gardens

Gutes Preis-Leistungs-Verhältnis für geschmackvolle Zimmer, die zusätzlich **Balkon und Küchenecke** bieten. Die Umgebung ist eher ruhig, aber nur ein paar Blocks weiter befinden sich Restaurants, Boutiquen und der Central Park. Besonderheiten sind die Tee-Bar und die »Wine and cheese nights« jeden Dienstag.

215 East 64th St • Subway Lexington Ave–63 St (F) • +1 212/355 1230 • www.affinia.com • DZ ab $ 200

✴ Courtyard New York

Moderne und **große Zimmer**, was in Manhattan selten ist. Je höher die Etage, desto schöner die Aussicht, unter anderem auf das Chrysler Building. Keine großen Extras wie Lobby, Zimmerservice oder Frühstück. In der Nähe findet Ihr die U-Bahn und viele Restaurants.

866 3rd Ave • Subway Lexington Ave–53 St (E, M) • +1 212/644 1300 • www.marriott.com • DZ ab $ 160

Don't miss

An der Hotelrezeption nach einem Zimmer in einer höheren Etage fragen – bei den vielen Wolkenkratzern drumherum sind diese meist heller.

✶ East 73rd & York Ave Apartments

Einfaches Hostel mit 120 Zimmern, sehr günstig, sauber und für den Preis gar nicht so übel, mit Zimmern für bis zu vier Personen, die mit Einfach-, Doppel- oder Stockbetten ausgestattet sind. Manche Räume haben Herd und Kühlschrank. Aber Butlerservice ist hier nun wirklich nicht zu erwarten.

1374 York Ave · Subway 77 St (6) · +1 877/414 7707 · ab $ 20 pro Person

✶ Hotel Wales

Geschmackvolles und zurückhaltendes Dekor der nicht allzu großen Räume, dafür sind die Bäder riesig. **Direkt am Central Park** gelegen, in der Nähe der U-Bahn und vieler Läden. Besonders lohnenswert ist die Dachterrasse mit Garten und Sitzmöglichkeiten.

1295 Madison Ave · Subway 96 St (4, 6) · +1 212/876 6000 · www.hotel walesnyc.com · DZ ab $ 220

✶ Stay the Night

Niedliches, **plüschiges B&B** mit großen Räumen an ruhiger Straße. Nicht mehr die jüngste Einrichtung, aber sie hat Charakter. Lokale Geschäfte und eine Vielzahl von Restaurants findet Ihr in der Nähe. Trotz der Bezeichnung »Bed and Breakfast« gibt es kein Frühstück, aber das bekommt man in einem der vielen Läden in der Nachbarschaft. Und es ist erschwinglich.

18 East 93rd St · Subway 96 St (6) · +1 212/722 8300 · www.staythe night.com · DZ ab $ 100

✶ The Carlysle

Dieser Ort besitzt zeitlosen Stil. **Luxus vom Feinsten**, feudale Gesellschaft. Mit Blick auf den Central Park, versteht sich. Drinnen fühlt man sich wie in den 1940ern, schließlich existiert das Hotel seit 1930 und bietet bis heute tolles Art déco. Wer also ein bisschen Taschengeld übrig hat: Hier sind die 500 Dollar oder mehr pro Nacht gut angelegt.

Im Hotel »The Lowell« wird man mit Namen begrüßt. Dem eigenen, natürlich. Charmant und ohne Hektik werden die werten Gäste hier verwöhnt. →

35 East 76th St • Subway 77 St (6) •
+1 888/767 3966 • www.rosewood
hotels.com • DZ ab $ 450

✳ The Franklin Hotel
Die 49 Zimmer sind nicht besonders groß – aber wo sind sie das schon in Manhattan –, dafür ordentlich vollgestopft. Manche finden das gemütlich, manche grässlich. **Ruhig gelegen** und in der Umgebung Museen, Restaurants und Bars. Für die Upper East Side geradezu bezahlbar. U-Bahn um die Ecke.

164 East 87th St • Subway 86 St (4, 5, 6) • +1 212/369 1000 • DZ ab $ 200

✳ The Lowell
Ein sehr **romantisches 5-Sterne-Hotel**. Zwar keine riesigen Räume, aber hübsch ausgestattet und dekoriert, ein paar sogar mit Kaminen. Bester Service und gutes Essen im kleinen Essbereich. Sehr gute Shoppingmöglichkeiten in der Nähe.

28 East 63rd St • Subway Lexington Ave–63 St (F) • +1 212/838 1400 • www.lowellhotel.com • DZ ab $ 500

✳ The Marmara
Freundliche Mitarbeiter, sehr ruhige und **großzügige Räume** mit Küche und »Wohnzimmer«, plus gratis Internet. Gute Lage, um die Restaurants der Umgebung zu besuchen oder Shoppen zu gehen.

301 East 94th St • Subway 96 St (4, 5, 6) • +1 212/427 3100 • www.marmara-manhattan.com • DZ ab $ 520

✳ The Pierre
New Yorker Eleganz alter Schule. Nicht mit irgendeinem Parkblick, mit Central-Park-Blick! Im Fahrstuhl drückt ein Butler für Euch, die Zimmer oder Suiten verströmen elegante New Yorker Behaglichkeit; hell und ein bisschen plüschig. Das Hotel hat einen eigenen Wellnessbereich.

2 East 61st St • Subway 5 Ave–59 St (N, Q, R) • +1 212/838 8000 • www.taj hotels.com • DZ ab $ 500

Geht gar nicht

Beim Verlassen der Zimmer die Klimaanlage anlassen – schlecht für die Umwelt, außerdem dauert es meist nur fünf Minuten, bis das Zimmer wieder gekühlt ist.

Wer nicht genug vom Central Park bekommt, sollte eine Suite im Hotel »Pierre« mieten: Von dort hat man einen sehr schönen Blick auf den Park.

Upper West Side

Lebenswert, VIP und multikulti – vom Columbus Circle bis zur 125. Straße

Am Columbus Circle an der 59. Straße beginnt die Upper West Side. Sie erstreckt sich bis zur 110. Straße, an der die berühmte Columbia University liegt. Eingerahmt wird das Viertel gleich von zwei großartigen Parks: östlich vom Central Park und westlich an den Hudson grenzend vom Riverside Park mit seinem szenischen Panorama. Dazwischen befindet sich die »UWS«, wie die Upper West Side gerne von ihren Bewohnern und Fans genannt wird. Es geht entspannt und nachbarschaftlich zu, dennoch ist die Museen- und Ladendichte hoch, und es gibt viel zu sehen. Auch Promis, die gerne hier wohnen. Es finden sich viele gute Restaurants und nette Bars. Im Gegensatz zum vollgestopften Midtown können hier die Gäste an lauen Sommerabenden draußen sitzen.

Weiter nördlich schließt sich Harlem an, das Zentrum der afroamerikanischen Bevölkerung. Früher wurde dieses Viertel nur auf seine hohe Kriminalitätsrate reduziert, zum Glück sind diese Zeiten vorbei. Schon in den 1920ern und 30ern war Harlem mit Jazz, Blues und Theatern ein Zentrum für Kultur und Kreativität. Bis heute ist das Apollo Theater legendär und einen Besuch wert: Hier wurden Größen wie Aretha Franklin, Michael Jackson und James Brown berühmt. In Harlem rund um die 125. Straße auf der Westseite kann man shoppen und die schönen Brownstones bewundern, die hier mittlerweile ein Vermögen wert sind.
Die Bronx lohnt sich vor allem wegen des berühmten Zoos und des spektakulären Botanischen Gartens.

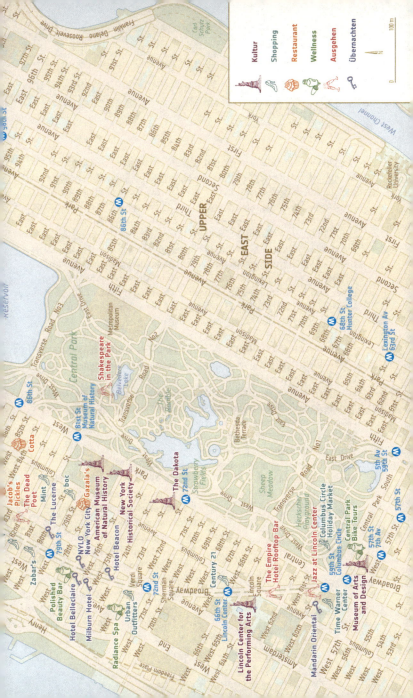

Kultur

Die Upper West Side bietet Kultur auf Hochniveau en masse. Wenn Ihr Musik- oder Ballettfans seid, ist die Upper West Side dafür ein absolutes Mekka: Allein das Lincoln Center für Jazz, die Metropolitan Opera, das New York City Ballet oder die New York Philharmonic bieten Musik und Tanz der Weltklasse. Diese und weitere kulturelle Einrichtungen befinden sich im Lincoln Center for the Performing Arts. In Harlem regiert nicht nur der Jazz. Im berühmten Apollo Theater wurden Stars entdeckt. Die Bronx ist nicht für ihre Opernhäuser bekannt, sondern aus dem multikulturellen Mix ihrer Bewohner – vor allem Afroamerikaner, Puertoricaner und Jamaicaner – entsprangen auch viele musikalische Einflüsse. Von hier wird feinster Hip Hop bis in unsere Charts exportiert.

✳ American Museum of Natural History

Es ist das **größte naturhistorische Museum der Welt** – vier Straßenblocks lang, 45 Ausstellungshallen, voll mit 30 Millionen Ausstellungsstücken. Ein Tag ist dafür viel zu kurz. Dafür habt Ihr die Wahl, ob Ihr Saurier, den Weltraum oder lieber ausgestopfte Säugetiere aus Nordamerika sehen wollt.

Central Park West Ecke West 79th St • Subway 81 St–Museum of Natural History (B, C) • +1 212/769 5100 • www.amnh.org • Tgl. 10–17.45 Uhr • Empfohlener Eintritt (»Pay what you can«) $ 22

✳ Cathedral Church of Saint John the Divine

Schon wieder ein Superlativ: Diese Kathedrale, ab 1892 im **gotischen Stil** gebaut, ist die größte der Welt, obwohl sie nur zu zwei Dritteln fertiggestellt wurde. Und es geht tolerant in ihr zu: Es gibt besondere Festgottesdienste für Schwule und Lesben und die jährliche Segnung von Fahrrädern oder von

Don't miss

Einen Abend in der Metropolitan Opera, einer der berühmtesten Opern der Welt. Man kann auch die Proben besuchen, Infos über die Website: www.metopera.org

»Das ist hier wie ausgestorben!«, möchte man am liebsten ausrufen: Im American Museum of Natural History sagen sich Tyrannosaurus Rex und Brontosaurus nämlich gute Nacht.

Haustieren mit Weihwasser. Auch der Beerdigungsgottesdienst für Duke Ellington fand hier statt. Neben den Gottesdiensten gibt es auch Konzerte.

1047 Amsterdam Ave • Subway 110 St–Cathedral Pkwy (1) • +1 212/316 7540, +1 866/811 4111 für Führungen • www.stjohndivine.org • Tgl. 7.30–18 Uhr, So Gottesdienste um 8, 9, 11 und 16 Uhr • Für Führungen ($ 6–15) kann man sich auch auf der Website anmelden.

✴ El Museo Del Barrio

El Museo del Barrio, »das Museum des Stadtteils«, stellt die **Kunst Lateinamerikas und der Karibik** aus. Es entstand im Zuge der Bürgerrechtsbewegung für mehr kulturelle Vielfalt und veranstaltet jährlich zahlreiche Festivals und Bildungsprogramme.

1230 5th Ave • Subway 103 St (4, 6) • +1 212/831 7272 • www.elmuseo.org • Mi–Sa 11–18 Uhr • $ 9 (empfohlene Spende; damit hat man auch freien Eintritt ins Museum of the City of New York)

✴ Lincoln Center for the Performing Arts

Das größte und bekannteste **Kulturzentrum** der Vereinigten Staaten für Musik, Theater, Tanz und Film mit folgenden Institutionen: The Chamber Music Society of Lincoln Center, Film Society of Lincoln Center, Jazz at Lincoln Center, Lincoln Center Theater, Lincoln Center for the Performing Arts, New York City Ballet, New York Philharmonic, The Metropolitan Opera u. a.

Zwischen Broadway, Columbus Ave, West 62nd St, Amsterdam Ave und West 66th St • Subway 59 St–Columbus Circle (1), 57th St–7 Ave (N, Q, R) • http://lc.lincolncenter.org

✴ Museum of Arts and Design

Das Museum für Design und Kunst stellt nicht nur **bahnbrechendes Design** aus, sondern auch verspielte, manchmal persönliche, obsessive und

↓ *Wenn's auch mal praktisch sein darf: Das Museum of Arts and Design zeigt Kunst mit Gebrauchswert.*

künstlerische Visionen rund um das Thema Gestaltung. Auch zeitgenössischer Schmuck wird gezeigt, desweiteren Arbeiten aus Glas, Keramik, Holz und Kunststoff.

2 Columbus Circle • Subway 59 St–Columbus Circle (1), 57 St–7 Ave (N, Q, R) • +1 212/299 7777 • www.mad museum.org • Di, Mi, Sa, So 10–18, Do, Fr 10–21 Uhr • $ 16

✴ New-York Historical Society

Manhattans ältestes Museum (1804) mit großer Sammlung von US-amerikanischer Kunst, historischen Artefakten und Dokumenten über die **Geschichte der Vereinigten Staaten** von Amerika und New York, u. a. über Sklaverei und den amerikanischen Bürgerkrieg – und von Tiffany-Lampen.

↑ *Die Statue vor der Historical Society ist aus Bronze und heißt »Abraham Lincoln«.*

170 Central Park West • Subway 81 St (B, C) • +1 212/873 3400 • www.ny history.org • Di–Sa 10–18, So 11–17 Uhr • $ 18

✴ Nicholas Roerich Museum

Das kleine, exzentrische Museum zeigt Werke von Nicholas Roerich, einem in Russland geborenen Künstler. Seine Arbeiten konzentrieren sich auf Naturszenen aus dem Himalaya. Derzeit umfasst das Museum zwischen 100 und 200 der **Roerich-Werke** sowie eine Sammlung von Archivmaterialien und zieht Pilger aus der ganzen Welt an. Sonntags um 17 Uhr finden oft kostenlose Kammermusikkonzerte statt.

319 West 107th St • Subway Cathedral Pkwy (1) • +1 212/864 7752 • www.roerich.org • Di–So 12–17 Uhr • Eintritt frei, Spenden sind willkommen

✴ The Bronx Museum of the Arts

Das Kunstmuseum in der Bronx zeigt innovative zeitgenössische Kunst und möchte sie vor allem auch jungen Leuten vermitteln. Es arbeitet mit **lokalen Künstlern**, Schulen und Jugendlichen zusammen und will Kunst für alle erfahrbar machen. Deswegen ist der Eintritt auch frei.

1040 Grand Concourse • Subway 167 St (B, D) • +1 718/681 6000 • www.bronxmuseum.org • Do 11–20, Fr 11–23, Sa 11–20, So 11–18 Uhr

✱ The Cloisters

Auf einem bewaldeten Hügel im Fort Tryon Park liegt das Cloisters Museum mit seinem hübschen Garten. **Kreuzgänge**, die aus französischen und spanischen Klostergemäuern zusammengesetzt sind, entwickeln eine eigene, friedvolle Stimmung jenseits des Großstadttrummels. Wandteppiche aus dem 15. Jahrhundert und die Mittelaltersammlung des Metropolitan Museum werfen einen in faszinierende frühere Zeiten zurück. Regelmäßig gibt es hier auch Konzerte mit mittelalterlicher Musik.

↑ *Dieses schöne Glasfenster befindet sich im Cloisters Museum mit seinen alten Kreuzgängen. Hier kommt man zur Ruhe.*

99 Margaret Corbin Drive, Fort Tryon Park • Subway 190 St (A) • +1 212/923 3700 • www.metmuseum.org • März–Okt. tgl. 10–17.15, Nov.–Feb. tgl. 10–16.45 Uhr • $ 25 (empfohlene Spende, damit hat man freien Eintritt ins Metropolitan Museum)

✱ The Dakota

Eines der ersten Apartmenthäuser, die auf der Upper West Side gebaut wurden, ist das schlossähnliche Dakota. Mit seinen reizenden Gaslichtern und Giebeln von 1884 **ein architektonisches Highlight**. Berühmte Künstler wie der Tänzer Nureyev oder der Komponist

Don't miss

Einen Spaziergang durch den hügeligen und bewaldeten Fort Tryon Park am Mittelaltermuseum The Cloisters und den dazugehörigen Kräuter- und Blumengarten.

Kultur 121

Leonard Bernstein haben hier residiert. Aber traurige Berühmtheit erlangte das Dakota, als ein wahnsinniger Fan John Lennon im Jahr 1980 direkt davor erschoss.

1 West 72nd St • Subway 72 St (B, C)

✳ The Studio Museum

Das Studio Museum in Harlem fördert **Künstler afrikanischer Herkunft**. Es stellt Arbeiten aus, die die schwarze Kultur inspiriert und beeinflusst hat, auch und besonders die Geschichte und Kultur Harlems.

144 West 125th St • Subway 125 St (2, 3) • +1 212/864 4500 • www.studio museum.org • Do, Fr 12–21, Sa 10–18, So 12–18 Uhr • $ 7, So Eintritt frei

✳ Yankee Stadium

Es ist das **berühmteste Baseballstadion der Welt**, und Baseball ist der Lieblingssport der Amerikaner. Ein Spiel zieht sich über viele Stunden hin, genossen bei Bier aus dem Becher, Hotdogs und Popcorn. Der Innenraum des Stadions in der Bronx ist voller Fotos, die die Geschichte der Yankees erzählen.

1 East 161st St • Subway 161 St–Yankee Stadium (4, B, D) • +1 718/293 4300 • www.newyork.yankees.mlb.com

Im Monument Park des Yankee Stadium werden ehemalige Spieler geehrt. Am prominentesten ist ihre Spielernummer ausgestellt. →

Shopping

Die Upper West Side und Harlem sind zum Shoppen angenehm und abwechslungsreich. Schicke Boutiquen, aber auch Läden mit Markenschnäppchen wechseln sich ab. Die Bronx lohnt sich zum Shoppen für Touristen eher nicht. Dafür ist die Upper West Side eine Gegend zum Schlendern von Geschäft zu Geschäft, Restaurants und Cafés laden zu einem Päuschen ein, oft mit der Möglichkeit, draußen zu sitzen. Rund um den Columbus Circle sind die Geschäfte luxuriös und im »Time Warner Center« in einer Shopping Mall untergebracht, alle anderen Geschäfte und Boutiquen verteilen sich in der Nachbarschaft, es gibt in dem Sinn keine Einkaufsstraße. Am besten, man verbindet einen Museums- oder Restaurantbesuch mit einem Abstecher in den einen oder anderen Laden.

✴ boc
Industrie-Chic mit sehr viel Platz bietet diese Boutique, in der Ihr **Designermode** findet. Die kosten zwar entsprechend, aber dafür seht Ihr damit aus wie gerade der *Cosmopolitan* entstiegen. Es gibt auch einen persönlichen Shoppingservice, der Euch typgerecht berät. Außerdem eine kleine Auswahl von bis zu 70 Prozent reduzierter Ware.

410 Columbus Ave • Subway 81 St-Museum of Natural History (B, C) • +1 212/799 1567 • www.bocnyc.com

✴ Century 21
Schnäppchen, Schnäppchen, Schnäppchen! Hier findet Ihr riesige **Discounts auf Markenklamotten**. Rechnet mit viel Betrieb. Dafür ist diese eine der größten der insgesamt sieben Filialen in New York.

1972 Broadway • Subway 66 St-Lincoln St (1) • +1 212/518 2121 • www.c21stores.com • Mo–Sa 10–22, So 11–20 Uhr

Don't miss
Einen Kurs beim Bastelladen »Make Meaning« (S. 96) in dessen Filiale in der Upper West Side – super, wenn es mal aus Kübeln schütten sollte!

✷ Columbus Circle Holiday Market

Hunderte Kunsthandwerker und Essensverkäufer versorgen die Einkaufenden mit einem **Fest für Augen und Magen**. Handgemachte und ungewöhnliche Dingelchen, die sich auch hervorragend als Mitbringsel eignen, und süße oder salzige Köstlichkeiten zum Naschen werden hier angeboten.

Columbus Circle • Subway 59 St–Columbus Circle (1, 2, A, B, C, D) • +1 212/529 9262 • www.urbanspacenyc.com • Mo–Fr 11–20, Sa 10–20, So 11–19 Uhr

✷ Mint

Gut sortierte Girly-Boutique mit vernünftigen Preisen, wo Ihr Hübsches mit **»casual chic«** kaufen könnt – Shirts, Kleider, Handtaschen oder Schmuck. Hilfreich ist die Lieblingsauswahl der Mitarbeiter, ausgezeichnet mit »staff pick«-Schildern.

448 Columbus Ave • Subway 81 St–Museum of Natural History (B, C) • +1 212/362 6250 • www.shopmint.com • Tgl. 10–20 Uhr

✷ Time Warner Center

Shoppingmall mit vielen Luxusmarken und -geschäften, darunter Armani Exchange, Aveda, Coach, L'Occitane en Provence, Sephora und Williams-Sonoma. Schön für einen exklusiven Schaufensterbummel.

10 Columbus Circle • Subway 59 St–Columbus Circle (1) • +1 212/823 6300 • www.theshopsatcolumbuscircle.com • Mo–Sa 10–21, So 11–19 Uhr

✴ Town Shop

Sexy Wäsche kann die Frau von Welt hier schon seit 1888 kaufen, und zwar mithilfe der insgesamt acht Beraterinnen, die Euch in den richtigen BH helfen. Die Preise rangieren von 8 bis 200 Dollar, die Größen gehen bis K. Bustiers, Bikinis oder Pyjamas – von sexy bis kuschelig wird »frau« hier fündig.

2270 Broadway • Subway 79 St (1) • +1 212/787 2762 • www.townshop.com • Mo–Fr 10–19, Sa, So 9.30–18 Uhr

✴ Urban Outfitters

Nicht nur **trendige Klamotten** für die Städterin von heute, sondern auch witzige Dekoartikel, spaßige Bücher, Schuhe und Accessoires finden sich in diesem Laden der beliebten Kette. Auch ein guter Ort, um Mitbringsel zu kaufen.

2081 Broadway • Subway 72 St (1) • +1 212/579 3912 • www.urbanoutfitters.com • Mo–Sa 9–22, So 10–22 Uhr

✴ Zabar's

Kein herkömmlicher Supermarkt, sondern ein **Delikatessengeschäft**, in dem Ihr Spezialitäten und Gourmetlebensmittel erstehen könnt, die es selbst in New York nicht überall gibt. Sehr zu empfehlen ist auch der selbst geröstete Kaffee. Im zweiten Stock findet Ihr Haushaltswaren und Küchenutensilien. Diesen Familienbetrieb gibt es schon seit 1934 und er hat 365 Tage im Jahr geöffnet.

2245 Broadway • Subway 79 St (1) • +1 212/787 2000 • www.zabars.com • Mo–Fri 8–19.30, Sa 8–20, So 9–18 Uhr

Geht gar nicht

Auf keinen Fall einen der Feinkostläden auf der Upper East Side vor Thanksgiving oder Weihnachten besuchen! (Das gilt auch für die meisten Supermärkte.) Es sei denn, Ihr liebt Körperkontakt mit Fremden, gereizte Stimmung und lange Schlangen.

Der Columbus Circle: Verkehrsknotenpunkt, Eingang zum Central Park und Nachbar des Time Warner Center, das CNN beherbergt.

Restaurants & Cafés

Wo kann man eigentlich nicht gut essen in New York? Die Upper West Side bietet eine Riesenauswahl an netten Lokalen mit Nachbarschaftsflair. Und wartet gleichzeitig mit Kultcharakter auf: In »Tom's Restaurant« wurde die berühmte Serie *Seinfeld* über den chaotischen Comedian und Dauersingle gedreht. Das Diner existiert seit 1941. Ein griechisch-amerikanischer Familienbetrieb mit 50er-Jahre Flair. Er wurde sogar in Suzanne Vegas Hit *Tom's Diner* besungen. In Harlem gibt es dafür Restaurants, in denen noch richtiges Soul Food, Essen für die Seele, gekocht wird. Beeinflusst von der amerikanischen Südstaaten- und der kreolischen Küche Schwarzafrikas, sind die Gerichte deftig, aber raffiniert gewürzt.

✶ Absolute Bagels

Der Hit in der Nachbarschaft, vor allem bei den Horden von verkaterten Studenten der Columbia University am Sonntagmorgen. Nicht nur die wissen die **knautschig-leichten Bagels** mit der knusprigen Kruste und einem leckeren Belag wie Frischkäse oder Lachs zu schätzen.

2788 Broadway • Subway Cathedral Pkwy (1) • +1 212/932 2052 • www.absolutebagels.com • Tgl. 6–21 Uhr

✶ Abyssinia

Abessinien ist das altertümliche Wort für Äthiopien; von dort stammt die Köchin Frehiwot Reta, die zusammen mit ihrem Mann dieses schöne Restaurant führt. **Äthiopische Küche**, aber auch das amerikanische »Soul Food« werden hier gekonnt zubereitet. Unbedingt mal probieren: ein Glas *tej*, den äthiopischen Honigwein.

268 West 135th St • Subway 135 St (A, B, C) • +1 212/281 2673 • www.harlemethiopianfood.com • Di–So 11–22 Uhr

Don't miss

Bagels aus einer Bäckerei (keiner Kette!) auf der Upper West Side: Diese typisch amerikanischen Teigkringel jüdischen Ursprungs schmecken nur frisch richtig lecker. Den Klassiker gibt es mit *cream cheese* und Lachs.

✳ Amy Ruth's

Exzellentes **Soul-Food-Restaurant** mit bodenständiger Atmosphäre. Ist für sein *chicken with waffles* (Hühnchen mit belgischer Waffel) bekannt, das Fans immer wieder herkommen lässt.

....

113 West 116th St • 116 St (2, 3) • +1 212/280 8779 • www.amyruths harlem.com • Mo 11.30–23, Di–Do 8.30–23, Fr 8.30–17.30, Sa 7.30–17.30, So 7.30–23 Uhr

✳ Café Ollin

Sehr gute **mexikanische Küche** zu sensationell günstigen Preisen in Spanish Harlem. Besonders lecker sind hier auch die Sandwiches. Lance, der Manager, bietet einen sehr freundlichen und aufmerksamen Service und berät Euch gerne. Der Laden ist sehr klein, aber die Portionen sind riesig.

....

339 East 108th St • Subway 110 St (4, 6) • cafeollin.net • +1 212/ 828 4252 • Tgl. 10–22 Uhr

✳ Cotta

Große Auswahl an Bruschette, die gut zum Wein passen. Die **selbstgemachte Pasta** ist immer frisch, die Salate knackig und die Pizzen knusprig. Und als besonderes Extra kann man hier sehr schön draußen sitzen – in Manhattan ist das fast schon eine Seltenheit.

....

↑ *Brötchen mit Loch gefällig? Nein, es ist kein Donut, sondern ein Bagel, in jedem Deli zu kaufen und mit Frischkäse, Butter oder Lachs am leckersten.*

513 Columbus Ave • Subway 86 St (A, B, C) • +1 212/873 8500 • www.cottanyc.com • Mo–Mi 17–0, Do, Fr 12–2, Sa 11–2, So 11–0 Uhr

✳ Dinosaur Bar-B-Que

Die **Barbecuekultur** kommt aus den Südstaaten der USA. Schön, dass es diese Tradition auch an die Ostküste geschafft hat! Saftige Hähnchenflügel in würziger Marinade oder zarte Rippchen, rauchige BBQ-Sauce oder gegrillte grüne Tomaten mit geräucherten Krabben: Es lohnt sich, diese Leckerbissen zu probieren.

....

700 West 125th St • Subway 125 St (1) • +1 212/694 1777 • www.dinosaur barbque.com • Mo–Do 11.30–23, Fr, Sa 11.30–0, So 12–22 Uhr

✻ Gazala's

Gemütliches Restaurant, das israelische, aber auch **nordafrikanische Gerichte** serviert: Saftige Lammkebabs, knusprige Pitabrote und cremiger Hummus sind nur eine kleine Auswahl vieler orientalischer Gerichte. Die Portionen sind groß, die Preise klein.

380 Columbus Ave • Subway 81 St–Museum Of Natural History (A, B, C) • +1 212/873 8880 • www.gazala place.com • Tgl. 11–23 Uhr

✻ Jacob's Pickles

Pickles – eingelegte Gemüse, vor allem Gurken, in unterschiedlichsten Geschmacksvarianten – sind seit jeher Verkaufsschlager **jüdischer Feinkostläden**. Dieser Laden verkauft nicht nur diese, sondern interessanterweise auch Sandwiches, die von der Südstaatenküche angehaucht sind und prima schmecken.

509 Amsterdam Ave • Subway 86 St (1) • +1 212/470 5566 • www.jacobs pickles.com • Mo–Do 11–2, Fr 11–4, Sa 9–4, So 9–2 Uhr

✻ Saiguette

Sieht unscheinbar aus und hat nur wenige Sitzmöglichkeiten, ist aber eines der besten **vietnamesischen Restaurants**, sowohl was die leckeren Gerichte als auch die niedrigen Preise anbelangt.

935 Columbus Ave • Subway 103 St (A, B, C) • +1 212/866 6888 • www.saiguette.com • Tgl. 11.30–22.30 Uhr

✻ Sylvia's Restaurant

Institution in Harlem für **Soul Food**, die würzig-deftige Küche der Südstaaten: Old-School-Restaurant mit elegantem, nostalgischem Speisesaal, auch schön zum Draußensitzen. Nett ist auch der Sunday Gospel Brunch mit Livemusik.

328 Malcolm X Blvd • Subway 125 St (2, 3) • +1 212/996 0660 • www.sylviasrestaurant.com • Mo–Sa 8–22.30, So 11–20 Uhr

✻ Thai Market

Das hübsche Restaurant ist wie ein asiatischer Markt hergerichtet und auch bei Hipstern sehr beliebt wegen der leckeren **siamesischen Küche**. Interes-

Soul Food – köstlicher Import aus den Südstaaten

»Essen für die Seele«, nennen die Amerikaner die Speisen, die einst von schwarzen Müttern für ihre Familien liebevoll gekocht wurden, als sie noch Sklaven waren. Mit Zutaten aus dem Garten, eigenen Hühnern und Schweinen und auch deren Eingeweiden, denn es ist eigentlich eine Küche der Armen. Aber sie schmeckt hervorragend. Würzig, deftig und mit einer Prise Sehnsucht nach der verlorenen Heimat Afrika.

In den Südstaaten, wo besonders lange und besonders viele Sklaven gehalten wurden, hat diese Küche ihren Ursprung. Sie ist einfach und raffiniert zugleich, schließlich mussten die schwarzen Köchinnen und Köche aufgrund des Mangels und der Armut improvisieren. Dabei schufen sie mit viel Fantasie und Kochkunst Gerichte, die einem auf der Zunge zergehen und heute fester Bestandteil der amerikanischen Küche geworden sind.

Aus Afrika werden Okraschoten verwendet, Einflüsse der Indianer sind Mais, Erbsen Bohnen, Garnelen und Truthahn. Gewürzt wird kräftig mit Cayennepfeffer, Muskatnuss, Piment, Zimt, Gewürznelken, Sesam, Safran, Thymian und Essig. Besonders beliebt sind Gerichte mit diversen Kohlsorten: Der kalte *cole slaw*, Weißkrautsalat mit Mayonnaise, oder die Beilage *collard greens* (Grünkohl) sind auf jeder Speisekarte zu finden. Etwas gewöhnungsbedürftiger ist *grits*, eine Maisgrütze, die man zum Schweinekotelett oder den Hähnchenflügeln essen kann, dazu Sirup als Sauce. Es wird mit viel Fett und Zucker gekocht, was schlecht ist für die Linie, aber durchaus gut für den Geschmack. Es wird geschmort, gebraten und frittiert. Dazu trinkt man Eistee oder Bier, zum Beispiel ein *pale ale*. Jede USA-Besucherin sollte wenigstens einmal diese Küche probiert haben, deren Restaurants man vor allem in Harlem findet. Besonders zu empfehlen sind die traditionellen Lokale »Amy Ruth's« (S. 127) und »Sylvia's« (s. links).

Wer die Serie Seinfeld kennt, kennt auch »Tom's Restaurant«. Hier kann man tatsächlich essen, zum Beispiel Burger und griechische Gerichte.

sant ist auch *goong chae nampla*, ein scharfes Gericht mit rohen Krabben. Tolle Atmosphäre!

960 Amsterdam Ave • Subway 103 St (1) • +1 212/280 4575 • www.thai marketny.net • Mo–Do 12–23, Fr, Sa 12–23.30, So 12–22.30 Uhr

✴ The Cecil

Der ehemalige Chef von Time Warner Richard Parsons hat diese **»Afro-Asian-American Brasserie«** in Harlem eröffnet. Die Gerichte sind von der westafrikanischen Küche inspiriert, das Essen wird auf großen Tellern serviert, damit schwesterlich geteilt werden kann. Eine funktionierende Mischung aus Tradition und Trend.

210 West 118th St • Subway 116 St (A, C, E) • +1 212/866 1262 • www.the cecilharlem.com • Mo–Do 17–0, Fr 17–1, Sa 11–1, So 11–22 Uhr

✴ The Hungarian

Charmant **altmodisches Café** mit hübschen Fotos und Bildern, wo man hinter einem Buch versinken und sehr gute Croissants, Plunder oder Baklava genießen kann. Keine laute Musik, kein WLAN. Studenten und Professoren der Columbia University lieben diesen Laden!

1030 Amsterdam Ave • Subway Cathedral Pkwy (1) • +1 212/866 4230 • Mo–Fr 7.30–23.30, Sa 8.30–23.30, So 8.30–22.30 Uhr

✴ Toast

Ein perfekter Ort, um entspannt einen guten **Burger**, Hähnchen mit Kartoffelpüree, ordentliche Pasta oder ähnliche Gerichte zu guten Preisen zu essen. Unbedingt die großen und günstigen Margaritas bestellen, dann steht einem lustigen Mädelsabend nichts mehr im Weg.

3157 Broadway • Subway 125 St (1) • +1 212/662 1144 • www.toastnyc.com • Mo–Mi 11.30–2, Do, Fr 11.30–4, Sa, So 10–4 Uhr

✴ Tom's Restaurant

Kultiger Diner – seit den 40ern in der Nachbarschaft und bei Studenten der Columbia University beliebt. Mit typischer **amerikanisch-griechischer Speisekarte**, vom Burger bis zur Moussaka. Bekannt aus Suzanne Vegas Hit *Tom's Diner* und der Comedyserie *Seinfeld*.

2880 Broadway • Subway 110 St oder 116 St (1, 9) • +1 212/864 6137 • www.tomsrestaurant.net • So–Mi 6–1.30 Uhr, Do–Sa 24 Std.

Wellness

Die Bronx ist der Inbegriff von Verbrechen. In Filmen ist sie immer eine Gegend, in die man auf keinen Fall einen Fuß setzen sollte. Aber dabei wird oft vergessen, dass nur ein Teil dieses weitläufigen Bezirks nicht besonders heimelig anmutet. Gerade als Ausflugsziel zum Entspannen oder Genießen der Natur ist die Bronx ein toller Ort: Der berühmte Zoo und der botanische Garten sind beide Weltklasse und so groß, dass es locker für einen Tagesausflug reicht. Auch kann man an heißen Tagen an den feinsandigen Orchard Beach fahren. Kleiner als Coney Island, aber trotzdem hübsch, umgeben von einer netten Parkanlage kann man dort tätowierte Mütter und Muskelprotze mit Ghettoblastern bewundern. In absolut freundlicher Atmosphäre.

✲ Central Park Bike Tours

Fahrradtour durch den Central Park: locker durch den ganzen Park radeln und mal nicht die gestressten Füße belasten! Das rentiert sich, da der Park sehr weitläufig ist. Meist bekommt man auch eine kleine Karte mit, so dass Ihr perfekt die Übersicht behaltet. Ein Tag weitab vom nervösen und lauten Großstadtleben, ohne dass man extra hinaus fahren muss. Ihr könnt auch eine geführte Tour buchen.

203 West 58th St • Subway 59 St-Columbus Circle (A, B, C, D) • +1 212/541 8759 • www.centralparkbiketours.com • Mo-So 9-20 Uhr • ab $ 20

✲ New York Botanical Garden

Einer der **größten botanischen Gärten Amerikas** mit einem 16 Hektar großen Baumbestand an Eichen, Birken, Hemlocktannen und anderen Bäumen, die nicht gefällt werden und so einen urwaldnahen Zustand erreichen. Einige Bäume sind etwa 300 Jahre

Don't miss

Den schön gestalteten Pelham Bay Park in der Bronx: Er ist der größte Park New Yorks und liegt obendrein am Wasser. Und hier befindet sich auch der öffentliche Strand Orchard Beach.

alt und bis zu 36 Meter hoch. Das Waldgebiet wird vom Bronx River durchzogen, der durch einen Canyon fließt und Wasserfälle bildet. Attraktionen sind auch der Japanische Steingarten und die Orchideenshow. Spektakulär und so groß, dass Ihr hier einen ganzen Tag verbringen könnt.

2900 Southern Blvd • Subway Bedford Park Blvd Station (B, D, 4) • +1 718/ 817 8700 • www.nybg.org • Di–So 10– 18, im Winter 10–17 Uhr • ab $ 13

✳ Orchard Beach

Der Orchard Beach wird auch die **Riviera New Yorks** genannt. Das ist vielleicht ein kleines bisschen übertrieben, unbestritten ist aber, dass der Sand weiß und sauber und die Stimmung gut ist. Es gibt Bereiche auf dem gepflegten Rasen hinter dem Strand, wo man picknicken und grillen kann, eine kleine Promenade und Snackbars. Volleyball, Basketball und Handball werden dort gespielt und Kinder planschen im flachen Wasser. 1930 entstanden.

Pelham Bay Park • Subway Pelham Parkway (2), dann Shuttlebus • +1 719/885 1258 • www.nycgov parks.org • Tgl. 10–18 Uhr

↑ *Lust auf Urlaub am Strand? Dann auf in die Bronx! Der Orchard Beach ist zwar nicht groß, aber feinsandig.*

✳ Polished Beauty Bar

Wenn Ihr einen **eleganten Schönheitssalon** sucht, der bezahlbar ist, ist die Polished Beauty Bar der richtige Ort. Blitzblank, bio und preiswert. Die Schuhe der Kunden werden außerdem mit Ionentechnologie behandelt: Danach riecht nichts mehr!

250 West 78th St • Subway 79 St (1, 2) • +1 212/933 1830 • www.polished bb.com • Mo–Fr 10–21, Sa, So 10– 20 Uhr

✳ Radiance Spa

Freundlich und professionell bekommt Ihr hier **Wellnessbehandlungen** zu einem anständigen Preis. Vor allem Waxing und Facials von Mitarbeiterin Josines magischen Händen werden von vielen Kundinnen gelobt. Sanft und so gut wie schmerzfrei.

269 West 72nd St • Subway 72 St (1, 2, 3) • +1 212/595 0738 • www.radiance spauws.com • Tgl. 10–21 Uhr

✻ Riverside Park

Von der 58. bis zur 156. Straße verläuft am Hudson River der Riverside Park. Wer gerne joggt, Fahrrad fährt oder spazieren geht, hat in dieser **grünen Oase** mit den Blumen, Pflanzen und Cafés einen schönen Blick auf das Wasser und New Jersey am anderen Ufer. Toll ist es auch, in den Abendstunden vom Norden her Richtung Stadt zu gehen und die Lichter New Yorks zu bewundern. Ihr könnt dort auch Kajaks ausleihen oder Tennis spielen.

West 58th St bis West 156th St, zwischen Riverside Drive und Hudson River • Subway 72 St (1, 2, 3) • +1 212/870 3070 • www.nycgov parks.org

✻ The Bronx Zoo

1899 entstanden, ist der Bronx Zoo mit mehr als 300 Hektar Fläche der größte sich in einer Stadt befindende Zoo in den USA. Mehr als 4300 **Tiere** leben hier, die 765 verschiedenen Arten angehören, auch viele, die in freier Wildbahn bereits ausgestorben sind. Die Aufteilung der Tiergehege wurde nach Erdteilen getroffen: Nordamerika, Asien, Afrika und Südamerika. Sehr weitläufig und artenreich.

2300 Southern Blvd • Subway Pelham Parkway (2) • +1 718/367 1010 • www.bronxzoo.com • April–Nov. Mo–Fr 10–17, Sa, So 10–17.30 Uhr • $ 17

✻ Wave Hill

Lauschige Gärten in prächtiger Landschaft als Zuflucht vor der geschäftigen Stadt. Tolle Aussicht auf den Hudson. Eines von New Yorks versteckten Juwelen, mit schönem Café und Restaurant.

West 249th St • Metro North Croton–Harmon von Grand Central bis Riverdale • +1 718/549 3200 • www.wave hill.org • Di–So 9–17.30 Uhr

---

Don't miss

Einen Spaziergang auf dem grünen Campus der sehenswerten Columbia University, einer der renomiertesten und ältesten Unis der USA, und im benachbarten Viertel Mornington Heights (Harlem) mit seinen unter Denkmalschutz stehenden Wohnhäusern.

Ja, der Central Park ist toll, aber auch der Riverside Park ist einen Besuch wert, vor allem wegen des schönen Blicks über den Hudson.

Nein, diese Robbe hat nichts mit robbery zu tun, sondern sonnt sich ganz friedlich im Bronx Zoo. Ist ja auch ein Seehund.

Ausgehen

Vielleicht kann die Upper West Side nicht mit den hippsten Clubs aufwarten, aber schöne Bars mit nachbarschaftlichem Touch gibt es hier einige. Obendrein sind edle Dachterrassen zum Cocktailschlürfen durchaus auch zu finden. Zahlreich sind die Möglichkeiten, Jazz, Klassik, Ballett und Theater zu genießen. Zwischen der 110. und 125. Straße findet Ihr viele Studentenbars, denn die berühmte Columbia University liegt um die Ecke. Wenn Ihr weiter nach Harlem fahrt, findet Ihr nördlich der 125. Straße *Jazzjams*, also Kneipen, in denen sich spontan Musiker und Laien für ein kleines improvisiertes Konzert zusammenschließen.

✴ Apollo Theater

Dieses Theater ist legendär und die »Apollo Amateur Nights« sind ein Erlebnis! Die Zuschauer machen sich schick, die Jungs in weißen Anzügen mit riesigen Hosen oder in aus Glitzerstoff gefertigten Kombinationen. Auf der Bühne gibt es **Sänger, Witzemacher, Artisten oder Zauberer** zu sehen, manche sind richtig mies, andere grandios.

253 West 125th St • Subway 125 St (A, B, C, D) • +1 212/531 5300 • www.apollotheater.com

✴ E's Bar

Gemütliche **Kneipe ohne Allüren**, um entspannt etwas trinken zu gehen und eine gute Zeit zu haben. Wer will, kann sich an der großen Auswahl an Brettspielen bedienen und dazu aus über 20 Biersorten und manchmal auch aus ebenso vielen flirtwilligen Singles wählen.

511 Amsterdam Ave • Subway 86 St (1, 2) • +1 212/877 0961 • www.e-bar nyc.com • Mo–Mi 17–0, Do 17–2, Fr, Sa 16–2, So 16–0 Uhr

Don't miss

Einen Jazzclub in Harlem besuchen – in vielen Bars bringen die Besucher einfach ihre Instrumente mit und jammen los.

Wo Stars geboren wurden – das Apollo Theater

Ella Fitzgerald, Aretha Franklin, Jimmy Hendrix oder James Brown, all diese berühmten schwarzen Künstler haben eines gemeinsam: Ihre ersten Schritte machten sie im legendären »Apollo Theater« in Harlem (s. links), oder sie krönten ihre Karriere mit einem Auftritt dort. Schon um 1860 fanden in der Apollo Hall Parties, Bälle und Tanzveranstaltungen statt. In den 20ern noch ein Ort für sexy Burlesque-Aufführungen für ein rein weißes Publikum, öffnete es 1934 nach einem Besitzerwechsel auch für Schwarze seine Pforten. Bald schon wurde es berühmt für seine Amateur Night Shows am Samstagabend, bei denen jeder, der etwas aufführen wollte, seine Chance bekam.

Ein einzigartiges Merkmal des Apollo war »der Henker«, ein Mann mit einem Besen, der die Darsteller von der Bühne fegte, wenn das lautstarke und kritische Publikum anfing, die nicht so begnadeten Künstler auszubuen. Ella Fitzgerald und Billie Holiday wurden aber in dieser Show entdeckt, Fitzgerald war gerade mal 17 Jahre alt. In den 30er- und 40er-Jahren wurde es eine beliebte Aufführungsstätte für Jazzmusik mit Größen wie Duke Ellington oder Louis Armstrong.

Auch Motown wurde hier richtig groß: Die Supremes mit Diana Ross sangen hier *Baby Love*; Michael Jackson trat mit seinen Geschwistern auf, als er klein und noch Mitglied der Jackson 5 war; Stevie Wonder, Mariah Carey … Sie alle sangen hier. Das Theater war berühmt genug, um für etablierte Künstler attraktiv zu sein. Soulsänger James Brown wurde nach seinem Tod 2006 sogar dort aufgebahrt: Er war »Soul Brother #1«. Das Medienecho war riesig und brachte das berühmte Theater abermals in die öffentliche Wahrnehmung. Der allererste Rock 'n' Roller, der im Apollo Theater Musik machte, war übrigens kein anderer als Buddy Holly.

✶ Miller Theatre

Dieses **Universitätstheater** bietet interessante Konzerte aus den Bereichen Jazz, Klassik, früher und zeitgenössischer Musik, außerdem Ballett bzw. Modern Dance. Die gute Akkustik belohnt die Hörer. 688 Plätze.

2960 Broadway · Subway 116 St (1) · +1 212/854 1633, +1/212 854 7799 (Kartenvorverkauf) · www.miller theatre.com · Eintritt z. T. frei

✶ Shakespeare in the Park

Die besten Dinge in New York sind tatsächlich umsonst, wie dieses beliebte Sommerfestival. Die Schauspieler sind oft keineswegs unbekannt: Helen Hunt,

↑ Wer im Apollo Theater bei den »Amateur Nights« einen schlechten Auftritt hinlegt, wird von der Bühne gefegt. Also besser nur zuschauen, dann kann nichts passieren.

✶ Jazz at the Lincoln Center

In der modernen Frederick P. Rose Hall wird ein gemischtes und **interessantes Jazzprogramm** geboten. Das Rose Theater ist dort das größte mit 1200 Plätzen, der Allen Room bietet eine eleganten Glaswand, durch die man den Columbus Circle sieht und im kleineren Dizzy's Club Coca-Cola finden zwei Konzerte pro Abend statt.

Time Warner Center, 5. Stock · Subway 59 St–Columbus Circle (1, A, B, C, D) · +1 212/258 9800 · www.jalc.org

Meryl Streep oder Morgan Freeman beehren die sommerliche **Freiluftbühne**. Immer ausverkauft. Wer Tickets will, wartet am Aufführungstag ab 13 Uhr in der Schlange oder registriert sich bis 12 Uhr für eine Onlinelotterie.

Delacorte Theater, Central Park, Nähe West 81st St • Subway 81 St (B, C) • +1 212/539 8500 • www.shakespeare inthepark.org

✴ Smoke

In dieser Lounge in der Nähe der Columbia University könnt Ihr **Livemusik** schon ab 18 Uhr genießen. Durchaus mit echten Größen aus dem Musikbusiness.

2751 Broadway • Subway 103 St (1) • +1 212/864 6662 • www.smoke jazz.com • Mo–Sa 18–3, So 11–3 Uhr

✴ The Dead Poet

Gute Musik, guter Service, große Bierauswahl und als besonderes Plus: Popcorn für alle. Die nicht zu verachtenden Cocktails sind nach verstorbenen Dichtern benannt. Wer sagt also, dass Trinken nicht bildet?!

450 Amsterdam Ave • Subway 79 St (1, 2) • +1 212/595 5670 • www.the deadpoet.com • Mo–Sa 10–4, So 12–4 Uhr

✴ The Empire Hotel Rooftop Bar

Zwölf Stockwerke über dem Lincoln Center erstreckt sich die **riesige Dachbar** des Empire Hotel – der größte Teil überdacht, aber auch mit Terrasse, auf die beim Cocktailtrinken der Mondschein fällt.

44 West 63rd St • Subway 66 St–Lincoln Center (1) • +1 212/265 7400 • www.empirehotelnyc.com • Mo–Sa 17–3, So 17–0 Uhr

Was aussieht wie ein edler Konzertsaal, ist auch einer: Im Lincoln Center wird unter anderem Jazzmusik geboten, und zwar vom Feinsten. →

Übernachten

Nicht ganz so nah am Geschehen, dafür weniger hektisch und manchmal etwas günstiger als Downtown oder Midtown ist die Upper West Side. Am Central Park gelegen, bietet sie durch die Nähe zur Columbia University, zum pulsierenden Midtown und dem afroamerikanisch geprägten Harlem eine interessante Mischung an Kulturen. Nicht szenig, aber anregend durch schöne Restaurants, Bars, Geschäfte und eine abwechslungsreiche Nachbarschaft in der Nähe der vielen Hotels. Viele Politiker, Sportler sowie erfolgreiche Unternehmer nennen die Upper West Side ihr Zuhause, manchmal sieht man auch einen Schauspieler. Für Harlem und die Upper West Side empfehlen sich auch private Ferienwohnungen; zu buchen u. a. unter www.9flats.com.

✶ Hotel Beacon

Gute Lage, nur vier Minuten bis zur U-Bahnhaltestelle. Saubere, **elegante Zimmer** mit kleiner Kochnische. Nur ein paar Minuten vom Central Park und dem Museum of Natural History entfernt in einer sehr schönen Gegend gelegen.

2130 Broadway • Subway 72 St (1, 2, 3) • +1 212/787 1100 • www.beaconhotel.com • DZ ab $ 270

✶ Hotel Belleclaire

Gutes **Standardhotel**. Die Lobby ist gediegen, die Ausstattung der Zimmer ist modern, allerdings fehlt ein Schrank. Das Hotel liegt nahe am Central Park. Das Personal ist sehr freundlich und hilfsbereit.

250 West 77th St • Subway 79 St (1, 2) • +1 212/362 7700 • www.hotelbelleclaire.com • DZ ab $ 180

Don't miss

Ein richtiges amerikanisches Frühstück mit Pancakes oder belgischer Waffel, Eiern und Speck. Falls die Übernachtung ohne Frühstück ist, bieten das auf der Upper West Side viele nette Diners und Restaurants an.

✳ Mandarin Oriental

Luxushotel mit asiatischem Touch und atemberaubendem Ausblick über New York. Das Mandarin liegt zentral am Columbus Circle und direkt an der Ecke des Central Parks. Der Service ist einmalig und sehr zuvorkommend. Die Zimmer sind großzügig ausgestattet. Der Spabereich ist riesig.

80 Columbus Circle · Subway 59 St–Columbus Circle (1, 2, A, B, C, D) · +1 212/805 8800 · www.mandarinoriental.com · DZ ab $ 760

↑ *Dieser Pool gehört nicht zu einem Riesenspaßbad, sondern zum Mandarin Oriental. Die Suiten in diesem Luxushotel sind übrigens nur unwesentlich kleiner.*

✳ Milburn Hotel

Großzügige Zimmer, nette Umgebung mit vielen Lebensmittelgeschäften, Restaurants und Sehenswürdigkeiten, Subway um die Ecke. Charmante Bibliothek und gratis WLAN. Wer möchte, kann sich kostenlos DVDs ausleihen.

242 West 76th St · Subway 79 St (1, 2) · +1 212/362 1006 · www.milburnhotel.com · DZ ab $ 150

✳ NYLO New York City

Betonböden und freigelegte Balken geben dem Hotel einen **industriellen Look**. Die Kunst an den Wänden wurde in einem kleinen Wettbewerb ausgewählt, die Zimmer sind sehr komfortabel, die Lage gut, um schnell zum Sightseeing und Shoppen zu kommen. Manche Zimmer haben einen herrlichen Blick über den Hudson.

2178 Broadway · Subway 79 St (1, 2) · +1 212/362 1100 · www.nylohotels.com/NYC · DZ ab $ 190

✳ The Lucerne

Charmantes, **ruhiges Hotel** direkt neben einer U-Bahn-Haltestelle, einer Drogerie und dem Central Park. Klassisch und geschmackvoll eingerichtet, mit sehr freundlichem Service.

201 West 79th St · Subway 79 St (1, 2) · +1 212/875 1000 · www.thelucernehotel.com · DZ ab $ 200

Brooklyn und Queens

Von Williamsburg bis Flushing – einst verschlafen und unscheinbar, heute umso hipper

Wer nach New York reist, darf Brooklyn nicht links liegen lassen! Während Manhattan immer teurer und elitärer wird, sind viele Galerien, Bars und Clubs hierher gezogen. Mehr Platz und günstigere Mieten bieten einen guten Nährboden für Musik, Kunst und Vergnügen. Langsam sind die Manhattan-nahen Bezirke wie Williamsburg, Park Slope, Greenpoint und Fort Greene aber so durchgentrifiziert, dass die Wanderung immer weiter geht – nach Queens ... New York wandelt sich eben ständig und schnell.

Der Westen Brooklyns ist das beliebteste Wohnviertel der Stadt, auch weil sich kaum einer Manhattan noch leisten kann. Die besten Nachtclubs gibt es jetzt in Williamsburg, die interessantesten Lokale in Cobble Hill, die zukunftsträchtigsten Künstlerszenen finden sich in Greenpoint und Bushwick, und die Literaturszene konzentriert sich um Park Slope herum. In Red Hook am südlichsten Ende hat sich in den alten Seemannshäuschen die jüngste Künstlerkolonie angesiedelt. Brooklyn wurde 1898 in New York City eingemeindet. Am Flussufer lag einst einer der wichtigsten Häfen der Welt,

Brooklyn und auch Queens wurden zur Schlafstadt für Einwanderer aus der Karibik, Lateinamerika und Afrika. Lange ein Synonym für Armut, Mafia und Verbrechen, für Sozialbaublöcke und Gangs, ist Brooklyn aber seit ein paar Jahren bei New Yorkern und Besuchern gefragt wie nie.

Queens ist immer noch ein Geheimtipp. Multikulturell und beschaulich bietet es seinen Besuchern vor allem kulinarisch in den Vierteln Astoria oder Flushing viel.

Kultur

Brooklyn ist längst kein Geheimtipp mehr: Seine Mischung aus beschaulichem Kleinstadtflair und malerischen Wohnhäusern, Cafés, Boutiquen, Bars und großstädtischen Kultur- und Unterhaltungsangeboten zieht seit Längerem Besucher aus aller Welt an. Hier lebt ein multikultureller Mix aus jungen Familien, hippen Studenten, Musikern und Künstlern – Brooklyn ist lebens- und sehenswert! Das Brooklyn Museum of Art ist eines der größten der USA. Die Brooklyn Academy of Music (BAM) bietet nicht nur Konzertliebhabern etwas. Neben Tanzproduktionen und Filmen zeigt das Kulturzentrum auch Kunstausstellungen und ist bei jungen Leuten beliebt. Auf der Höhe seiner Zeit ist das PS1 in Queens: Als Außenstelle des MoMA zeigt es junge, aufregende Kunst.

✲ BAM – Brooklyn Academy of Music
Ob Tanz, Oper, Konzerte oder Kino: Die BAM ist ein **lebendiges Kulturzentrum** mit spannenden Künstlern und Ideen: Dieser Ort ist vielseitig, innovativ und bietet dabei beste Unterhaltung in jeder Sparte. Mit nettem Café und netter Bar.

30 Lafayette Ave • Subway Atlantic Ave (2, 3, 4, 5, B, G, Q) • +1 718/ 636 4100 • www.bam.org

✲ Bargemusic
Klassik auf der Barke: Sich beim Genuss klassischer Kammermusik sanft auf dem Wasser schaukeln lassen und die Skyline Manhattans betrachten, das kann man auf der Barke The Barge in intimer Atmosphäre und mit guter Akustik. Die Tickets sind ebenfalls erschwinglich.

2 Old Fulton St • Subway High St (A, C) • +1 718/624 4924 • www.bargemusic.org • ab $ 15

Don't miss

Einen Spaziergang im hübschen Fort Greene Park. Auf dem Hügel steht das Prison Ship Martyrs Monument, in dessen Krypta 11 500 Opfer des Amerikanischen Unabhängigkeitskrieges begraben liegen.

✴ Brooklyn Historical Society Museum

Bibliothek und Bildungszentrum, die sich auf den Erhalt und die Erforschung der **Geschichte Brooklyns** konzentrieren. Sie veranstalten auch eine »Walks & Talks«-Serie, einschließlich Signierstunden mit berühmten Autoren und Kneipentouren.

128 Pierrepont St • Subway Court St (N, R) • +1 718/222 4111 • www.brooklynhistory.org • Mi–So 12–17 Uhr • Empfohlener Eintritt $ 10

✴ Brooklyn Museum

Das zweitgrößte Museum New Yorks mit großer **Sammlung aus allen Kulturen der Welt** und moderner Kunst. Ob die ständige oder die innovativen saisonalen Ausstellungen – es ist ein großartiges Museum, das den Vergleich mit Manhattans Museen nicht scheuen muss und im Anschluss zu einem Besuch in den weitläufigen Prospect Park einlädt.

200 Eastern Pkwy • Subway Eastern Pkwy–Brooklyn Museum (2, 3) • +1 718/6385000 • www.brooklyn museum.org • Mi, Fr–So 11–18, Do 11–22 Uhr • $ 12, am 1. Sa im Monat 17–23 Uhr Eintritt frei

✴ Green-Wood Cemetery

Auf der höchsten Erhebung Brooklyns wurde 1838 dieser **beeindruckende Friedhof** mit über 600 000 Gräbern, Weihern, Hügeln und Spazierwegen eröffnet, denn in Manhattan war und ist kein Platz für Begräbnisstätten. Wer aus der High Society etwas auf sich hielt, wollte hier begraben werden. Die Anlage wurde als Parkfriedhof gestaltet. Freiluftstatuen und Mausoleen ziehen jährlich fast so viele Besucher in ihren Bann wie die Niagarafälle. Auch Leonard Bernstein und Jean-Michel Basquiat liegen hier begraben.

500 25th St • Subway 25 St (R), 36 St (D, N, R) • +1 718/768 7300 • www.green-wood.com • Tgl. 7.45–19 Uhr

✴ Jeffrey Tastes Food Tours

Jeffs Wissen über Queens und seine Begeisterung für Essen und die Straßenverkäufer machen diese **besondere Verkostungstour** zu etwas Einmaligem. Gutes Essen, gute Drinks und einen Teil von New York sehen, den die meisten Touristen nie zu Gesicht bekommen werden.

Treffpunkt wird bei der Reservierung bekannt gegeben • +1 541/937 5333 • www.iwantmorefood.com • Mo–Do 24–4 Uhr • $ 59

✳ MoMA PS1

Die kleine und abenteuerlustige Schwester des Museum of Modern Art: Die Ausstellungsflächen in Queens bieten Raum für junge, aufstrebende Künstler und **innovative Kunst**. Retrospektiven, Installationen, Videokunst, aber auch hippe abendliche Events mit Elektrobeats: Das PS1 zeigt Kunst, die alles andere als angestaubt ist. Schöner Dachgarten.

22–25 Jackson Ave • Subway Court Square (7, G) • +1 718/784 2084 • www.momaps1.org • Mo, Do–So 12–18 Uhr • Empfohlene Spende $ 10

✳ New York Transit Museum

Die alte U-Bahnstation, die zum Museum umgebaut wurde, bietet einen Einblick in die **Geschichte der New Yorker Subway** vom Bau bis heute. Auf dem originalen Bahnsteig findet man etliche U-Bahnzüge, die auch besichtigt werden können. Erreichen kann man das Museum am besten über die U-Bahnstation Borough Hall. Achtet auf den Eingang: Er sieht aus wie der Zugang zu einer Subway-Station – versteckt hinter einer Hausecke.

Boerum Place, Ecke Schermerhorn St • Subway Borough Hall (4, 5) • +1 718/694 1600 • www.mta.info • Di–Fr 10–16, Sa, So 11–17 Uhr • $ 7

✳ NY Aquarium

Nicht das größte Aquarium, aber schön gemacht und direkt am Meer: Manchmal fühlt man sich, als ob man mit den **Meerestieren** im Wasser wäre. Auch können Vorführungen besucht werden, zum Beispiel die beliebte Robbenfütterung.

602 Surf Ave • Subway West 8 St–NY Aquarium (F, Q) • +1 718/265 3474 • www.nyaquarium.com • Juni–Aug. 10–18, Sept.–Mai 10–16.30 Uhr • $ 12

✳ The Brooklyn Tabernacle

Es handelt sich um ein altes Theater, das nun eine Kirche beherbergt und **Gospel pur** mit vielen originellen Arrangements und tollen Solisten bietet. Die Musik und die verschiedenen Gebete und Ansprachen lassen niemanden kalt. Ein Erlebnis nicht nur für gläubige Christen mit garantierter Gänsehaut. Programm auf der Website.

17 Smith St • Subway Jay St.–Metrotech (A, C, F) • +1 718/246 6760 • www.brooklyntabernacle.org

---

Don't miss

Louis Armstrongs Geburtshaus mit kleinem Museum, das sich in Queens befindet (www.louisarmstronghouse.org) und ein Mekka für Jazzfans ist!

Brooklyn intensiv gibt es im Brooklyn Historical Society Museum. Hier wird die Geschichte dieses spannenden Bezirks greifbar und lebendig.

Shopping

Brooklyn ist nicht einfach ein kleiner Stadtteil, Brooklyn ist so groß wie eine ganze Metropole. Mit über zweieinhalb Millionen Einwohnern wäre es die viertgrößte Stadt Amerikas, wenn man die Hunde nicht mitzählt, die für die vielen Singles den Partner- und für Paare den Kinderersatz bilden – und entsprechend eingekleidet werden. In den verschiedenen Stadtteilen findet Ihr eine ganz besondere Atmosphäre. Und wenn es ums Shoppen geht, viele niedliche, hippe Sträßchen mit kleinen Boutiquen und Läden, dazu unzählige Cafés, Restaurants und Bars. In der Umgebung der empfohlenen Läden gibt es noch mehr zu entdecken, so dass Ihr garantiert Eure eigenen Shoppingfavoriten finden werdet.

Article&

Urbane, **unprätentiöse Mode** für das Girl von heute, das weiß, was es will: entspannt, locker, witzig und casual. Die Marken sind von aufstrebenden DesignerInnen. Obendrein nette Verkäuferinnen, was in New York auch nicht immer die Regel ist.

198 Smith St · Subway Bergen St (F, G) · +1 718/852 3620 · www.article and.com · Mo–Sa 11.30–19.30, So 12–18 Uhr

Don't miss

Einen Einkaufsbummel in der hübschen Van Brunt Street: viele kleine Geschäfte und Boutiquen in lauschiger Umgebung.

Beacon's Closet

Kein kruscheliger Secondhandladen, sondern ein Warenhaus mit **schon mal**

getragenen Designerklamotten. Darunter auch H&M, allerdings nur, wenn es hip genug ist. Dafür sind die Preise etwas höher als im üblichen Vintage-Shop.

74 Guernsey St • Subway Nassau Ave (G) • +1 718/486 0816 • www.beacons closet.com • Mo–Fr 11–21, Sa, So 11–20 Uhr

✶ Bergen Street Comics

Der **beliebte Comicladen** in Park Slope bietet mehr als Superheldencomics: Eine riesige Auswahl an Graphic Novels, die unterhaltsam und anspruchsvoll visuelle Geschichten zu den unterschiedlichsten Themen erzählen, Underground und Indie-Comics in kleinen Auflagen, künstlerisch hochwertige Besonderheiten und Mitarbeiter, die sich sehr gut auskennen.

470 Bergen St • Subway Bergen St (2, 3) • +1 718/ 230 5600 • www.bergen streetcomics.com • Mo, Di, Do–Sa 12–21, Mi 13–21, So 12–19 Uhr

✶ Brooklyn Flea

Anbieter aus ganz Brooklyn und von weiter weg verkaufen auf diesem **Flohmarkt** von April bis

↑ *»Ich kaufe ein A!« Auf dem Brooklyn Flea geht das. Und wie es sich für einen ordentlichen Flohmarkt gehört, gibt es hier auch B, C und XYZ.*

November Kunsthandwerk, Antiquitäten und selbstgekochte oder eingeweckte Spezialitäten. Vom verkaterten Hipster bis zum Kleinkind genießen alle die charmanten Angebote und das gute Essen wie gefüllte Tortillas aus El Salvador.

Fort Greene, 176 Lafayette Ave (Sa) • Subway Clinton–Washington Avs (G) • Williamsburg Waterfront, 27 North 6th St (So) • Bei schlechtem Wetter in der Lobby des One Hanson, auch als Williamsburg Savings Bank bekannt • Subway Bedford Ave (L) • www.brooklyn flea.com • April–Nov. Sa, So 10–17 Uhr

✳ Erie Basin

Ein bisschen versteckt in Red Hook liegt dieser kleine Laden, der sich auf **alten Schmuck** spezialisiert hat. Verlobungsringe im Art-déco-Stil oder Modeschmuck mit Strass aus den 50ern – es finden sich selbst falsche Diamanten, die begeistern. Hier könnt Ihr Euch oder den Daheimgebliebenen ein Mitbringsel aussuchen. Ein Bummel durch die Van Brunt Straße mit ihren netten Läden und Cafés macht auch Spaß.

388 Van Brunt St • Subway Carroll St (F, G) • +1 718/554 6147 • www.eriebasin.com • Mi–Sa 12–18 Uhr

↑ *Wow, Diamanten! Naja, nicht ganz. Aber schöner Secondhand-Schmuck, zu haben im niedlichen Laden »Erie Basin«.*

✳ Homebody Boutique

Eigenartigkeiten, die das **häusliche Leben** aufpeppen, gibt es in dieser Boutique in Park Slope. Ob Haushaltswaren oder Schreibwaren: Alles ist handgemacht und einzigartig.

449 7th Ave • Subway 15 St–Prospect Park (F) • +1 718/369 8980 • www.homebodyboutique.com • Di–Sa 12–19, So 13–19 Uhr

✳ Mast Brothers

Seit ein paar Jahren ist Schokolade das heiße Ding in New York. Die Qualität der kleinen Schokomanufakturen ist sehr hoch, eine kleine Praline ein Hochgenuss. So auch bei Mast Brothers, die **selbstgemachte Schokolade** (mit Seesalz, Ahornsirup und, und, und) und köstliche Sorten aus aller Welt anbieten.

11 North 3rd St • Subway Bedford Ave (L) • +1 718/388 2625 • www.mastbrothers.com • Tgl. 12–19 Uhr

✳ Old Hollywood

Nostalgischer und neuer Schmuck, Klamotten und Haushaltswaren ganz im **Zeichen des Glamours**. Ob 20er-Jahre-

Don't miss

Die schönen Geschäfte in Park Slope zwischen der 5. und 7. Avenue (Subway 7 Ave (B, Q)). Sehr nett auch für ein Kaffeepäuschen oder zum Lunch.

Nicht nur lila Wandmalereien wie diese hier, sondern auch nette Läden, Bars und Restaurants findet Ihr im so beschaulichen wie hippen Park Slope.

Geburtstagsparty oder die Hochzeit der besten Freundin: Hier findet Ihr die passenden Klunker und dazu noch ein schönes Geschenk.

99 Franklin St • Subway Greenpoint Ave (G) • +1 718/389 0837 • www.oldhollywoodmoxie.com • Mo–Sa 12–20, So 12–19 Uhr

✲ Shibui

Ein fantastisches **asiatisches Antiquitätengeschäft** in Dumbo/Vinegar Hill. Der Besitzer Dane Owen ist freundlich und kompetent und erklärt Euch gerne Details zu Herkunft und mehr. Der Laden ist voll mit japanischen Artefakten und Antiquitäten, die Auswahl ist riesig: Türen, Truhen, Körbe, Bilder und mehr. Auch Kleinigkeiten, vom alten japanischen Foto bis hin zu Postern für Kinder.

↓ *Bonbons, Kekse, Lollis – bei »Sugarfly Alley« gibt's die sogar zuckerfrei. Aber auch richtige Kalorienbomben sind hier zu haben.*

306 Water St • Subway York St (F) • +1 718/875 1119 • www.shibui.com • Mi–So 11–18 Uhr

✲ Sugarfly Alley

Sehr süßer Laden im wahrsten Sinne des Wortes: Hier werden nämlich **Süßigkeiten** verkauft, darunter viele Besonderheiten. Zuckerfreies und vegane Naschereien gehören auch dazu, ebenso Spezialitäten aus der Nachbarschaft.

320 Franklin Ave • Subway Classon Ave (G) • +1 347/404 7050 • www.sugarflyalley.com • Di–Do 15.30–20, Fr 15.30–21, Sa 12–21, So 12–20 Uhr

✲ The Meat Market Brooklyn

Kleiner, aber gut sortierter **Secondhandladen** mit Charme. Besonderes Feature: Die Vintage-Brautkleider und Schmuckdesign von Kreativen aus der Nachbarschaft.

380 Tompkins Ave • Subway Kingston–Throop Ave (C) • +1 347/92 71238 • www.ilovemeatmarket.com • Mi–So 14–20 Uhr

Filmbiz-Recycling – was vom Filmset übrig bleibt

Nicht nur Hollywood produziert Filme und Serien, auch New York ist ganz dick drin im Filmgeschäft. Wie sonst wüsste jedes Kind, wie die Stadt aussieht, ohne je dagewesen zu sein? 2008 haben sich ein paar Leute gedacht: »Warum schmeißen wir eigentlich alles weg, was von den vielen Filmsets in New York übrig bleibt? Die Sachen wurden kaum benutzt. Und obendrein liebevoll und gekonnt von Bühnen- und Filmausstattern ausgewählt? Und sind möglicherweise Ausstattung der Lieblingsserie und somit Fanartikel?« Die Fragen waren berechtigt, immerhin kamen durch die Entsorgung jährlich 450 Tonnen Abfall zusammen, die eigentlich einmal Möbel, Einrichtungsgegenstände, Klamotten, Accessoires und anderer hochinteressanter Klimbim waren. Die Requisiten, Garderobe und Möbel stammen ausschließlich aus New Yorker Film-, Fernseh-, Gewerbe- und Theatergemeinden.

»Film Biz Recycling« (FBR) wurde daraufhin als gemeinnütziger Verein gegründet, und es wurde eine 11 000 Quadratmeter große, zweistöckige Lagerhalle gefunden. Gemeinnützig ist FBR auch deswegen, weil nicht nur nachhaltig gewirtschaftet und dadurch Müll verhindert wird, sondern weil der Verein Arbeitsplätze schafft und Materialien an lokale Betriebe und Geschäfte abgibt – zur kreativen Wiederverwendung oder für andere Zwecke, wie die Unterstützung von Bedürftigen. Ihr werdet es bedauern, keinen größeren Koffer dabei zu haben (oder gar eine Wohnung in New York zu besitzen), um Euch mit den vielfältigen skurrilen Requisiten, Haushaltswaren, Möbeln und coolen bis schrägen Kostümen eindecken zu können, ganz besonders, wenn eine Faschings- oder Halloweenparty naht. Einen Besuch bei FBR kann man hervorragend mit einem Spaziergang durch das benachbarte Park Slope verbinden (www.filmbizrecycling.org).

Restaurants & Cafés

Das Leben in Brooklyn und Queens ist einfach entspannter als in Manhattan: Die Möglichkeiten in Brooklyn in oder vor einem Café zu sitzen und den Tag zu genießen, sind schier endlos. Nehmt die Q- oder B-Subway-Linie nach Park Slope, steigt an der Station 7th Avenue aus und biegt auf die 5. Avenue ab. Beim Flanieren dort entdeckt Ihr wunderschöne Häuser – die typischen Brownstones – aus braunem Sandstein, die unter Denkmalschutz stehen. Sie sind sehr malerisch, und jedes hat seinen eigenen Charme. Hier findet Ihr viele schöne Cafés. Auch zum Essengehen und Biertrinken sind Park Slope und die benachbarten Fort Greene und Clinton Hill eine gute Wahl mit wirklich schönen Plätzen.

✳ Bark Hot Dogs

Ein Hotdog ist ein Wiener Würstchen in einem länglichen Brötchen aus Watteteig, auch *roll* genannt, und kann mit Senf, Ketchup, Gürkchen, Jalapenos, Chili con Carne, Käse, rohen Zwiebeln, Röstzwiebeln, Sauerkraut, Mayonnaise oder Mangochutney belegt werden – mit allem also, was je in einer Tube oder Dose verkauft wurde. Besonders **gute Hotdogs** gibt's bei Bark.

474 Bergen St • Subway Bergen St (2, 3) • +1 718/789 1939 • www.barkhotdogs.com • Mo–Do 12–23, Fr 12–0, Sa 11–0, So 11–22 Uhr

✳ Cafe Mogador

Es kann auch einmal ein bisschen voller werden, aber die schöne Atmosphäre und das gute **marokkanische Essen** kann einem das nicht verderben. Egal was man bestellt, man kann eigentlich nichts falsch machen. Ob für ein extraspätes Abendessen vor der Clubbing-Nacht oder zum Brunch: Das (kurze) Warten lohnt sich.

133 Wythe Ave • Subway Bedford Ave (L) • +1 718/486 9222 • www.cafemogador.com • So–Do 9–0, Fr, Sa 9–1 Uhr

Don't miss

Essen gehen in Queens' Chinatown, Flushing: Hier reiht sich in fast jeder Straße ein Restaurant an das andere.

✴ Diner

Ein Zugwaggon aus den 20ern mit 50er-Jahre-Einrichtung beherbergt diesen kultigen Diner. Die **Burger** sind ohne Schnickschnack, aber gut. Die Cocktails übrigens auch. Und der Brunch. Eine Brooklyner Institution.

....

85 Broadway • Subway Marcy Ave (J, M, Z) • +1 718/486 3077 • www.diner nyc.com • So–Do 11–17, 18–0, Fr 11–17, 18–1, Sa 11–16, 18–1 Uhr

✴ HotHouse

Das beste *Nashville Style Hot Chicken* (Hühnchen in pikanter Panade), das ich je gegessen habe (mehrmals): knusprig, saftig und würzig. Hier gibt es regionale **Klassiker der Südstaatenküche** wie *Shrimp and grits* (Krabben mit einer Art Grießbrei), *Shrimp Po' Boys* (Krabbensandwich) oder *Gumbo* (pikanter Eintopf mit Krabben oder Hühnchen). Sehr freundliche Atmosphäre. Samstags kommen sogar die Hipster aus Manhattan hierher.

....

415 Tompkins Ave • Subway Kingston–Throop Avs (C) • +1 718/483 9111 • www.bcrestaurantgroup.com/hothouse • Tgl. 17.30–23, Brunch Sa, So 10–16.30 Uhr

✴ Maison Premiere

Austern und Bier – wer hier eintritt, wird in die 20er-Jahre zurückgespült. Hinter einer unscheinbaren Front (keine Fenster, unmarkierte Tür) erwartet einen wunderschönes 20er-Jahre-Dekor, Kellner mit Fliege und ein Garten mit Kerzenschein. Sehr romantisch! Und, oh, die Austern! Die Cocktails sind ebenfalls tadellos, der Service auch. Oft muss man hier auf einen Platz warten, aber es lohnt sich.

....

298 Bedford Ave • Subway Bedford Ave (L) • +1 347/335 0446 • www.maisonpremiere.com • Mo–Mi 16–2, Do, Fr 16–4, Sa 11–4, So 11–2 Uhr

✴ Nathan's Famous

Nathan's findet man überall in New York, aber diese Filiale in Coney Island ist die älteste – absoluter Kult! Es gibt sie seit 1916 und sie verkauft die **berühmten Hotdogs**. Aber mein »Geheimtipp« ist die gemischte Fischplatte (*fish platter*) mit Muscheln, Krabben, Fisch, natürlich frittiert, mit Pommes und »Tartar Sauce«. 1200 Kalorien und der Tagesbedarf ist gedeckt. Dazu noch einen Liter Nathan's Homemade Lemonade, denn Fisch muss schwimmen. In Zucker! Und danach ein Verdauungsspaziergang an der 200 Meter entfernten Strandpromenade.

....

1310 Surf Ave • Subway Coney Island (D, F, N, Q) • www.nathans famous.com • Tgl.

3907 Prince St • Subway Main St (7), LIRR bis Main St • +1 718/359 1601 • www.spicyandtasty.com • Tgl. 11–23 Uhr

✷ Taipan Bakery

Wer hätte gedacht, dass **chinesische Bäckereien** sehr zu empfehlen sind? Die Bäckerei Taipan in Queens ist jedenfalls super! Kuchen und frische süße Brote sind ihre Spezialität. Aber auch die warmen Snacks und Brötchen, die mit Fleisch gefüllt sind, schmecken fluffig und lecker. Dazu einen Bubble Tea?

✷ Spicy & Tasty

Authentische Küche aus Szechuan in Flushing, dem Chinatown von Queens. Die Küche aus dem Süden Chinas ist würziger und spannender als die typisch kantonesische mit zu viel Sojasauce. Besonders der frische Pfeffer macht die Küche aus Szechuan einmalig. Für weniger Mutige gibt es aber auch ganz »normale« Gerichte, die sehr gut sind.

37–25 Main St • Subway Main St (7), LIRR bis Main St • +1 718/888 1111 • www.taipanbakeryonline.com • Tgl. 7–20 Uhr

✷ The Smoke Joint

Uriger, **beliebter BBQ-Laden** mit Klassikern wie Chicken Wings, Mac'n Cheese und Spareribs. Das Fleisch ist zart und rauchig, die Beilagen saftig und herzhaft. Meistens voll.

Don't miss

Das »Peter Luger« in Williamsburg – wenn man die 80 Dollar für eines der guten Steaks übrig hat, die in dieser Institution unter den Steakhäusern serviert werden.

87 South Elliott Place • Subway Lafayette Ave (A, C) • +1 718/797 1011 • www.thesmokejoint.com • So–Do 12–22, Fr, Sa 12–22 Uhr

Diesem Barkeeper im »Maison Premiere« könnt Ihr Eure Geheimnisse anvertrauen. Müsst Ihr aber nicht. Hier einfach nur essen und trinken hilft auch schon gegen Kummer.

Wellness

In Brooklyn und Queens gibt es tolle und oft günstigere Wellnessangebote als in Manhattan. Aber nicht nur die Studios sind damit gemeint: Die Freizeitmöglichkeiten in Brooklyn sind vielseitig: Ein Strandbesuch in Brighton Beach mit einem Bummel über den Vergnügungspark in Coney Island sind ebenso ein Muss wie ein Besuch des Brooklyn Bridge Park in Dumbo oder der Brooklyn Heights Promenade mit ihren sensationellen Ausblicken über das Wasser auf Manhattan und die beiden Brücken Brooklyn Bridge und Manhattan Bridge. Der botanische Garten in Brooklyn lohnt sich ebenso wie der dazugehörige Prospect Park, der richtig weitläufig ist und wo man sich prima von einem anstrengenden Tag in der Stadt erholen kann. Im Sommer finden dort viele Veranstaltungen, auch gratis Open-Air-Konzerte, statt. In Queens lockt ein grandioser Strand auf der Halbinsel Far Rockaway.

✳ Brooklyn Botanic Garden
Wunderschöner **botanischer Garten**, der den Rückzug vor dem Lärm und Gewühl der Stadt ermöglicht, mit einem See voller bunter Kois, einem romantischen Rosengarten und im Frühjahr dem Fest der Kirschblüte.

990 Washington Ave • Subway Franklin Ave (2, 3, 4, 5) • +1 718/ 623 7200 • www.bbg.org • Nov.–Feb. Di–Fr 8–16.30, Sa, So 10–16.30 Uhr • $ 10, zwischen 10 und 12 Uhr Eintritt frei

✳ Brooklyn Bridge Park
Der Brooklyn Bridge Park in Dumbo erstreckt sich über mehrere Piers und bietet vom tollen Panorama über diverse Freizeitbeschäftigungen wie Fahrradverleih bis hin zum Bootfahren alles, was man sich von einem **modernen Park** am Wasser wünscht. Sogar eine Weinbar gibt es.

Don't miss

Das Art & Garden Ticket: Besucht für insgesamt 23 Dollar den botanischen Garten und das benachbarte Brooklyn Museum – eine gute Mischung aus Kultur und Entspannung.

334 Furman St • Subway York St (F), High St (A, C), Clark St. (2, 3) • +1 718/222 9939 • www.brooklynbridgepark.org

✲ Brooklyn Heights Promenade

Man muss nur einmal über die Brooklyn Heights Promenade spazieren, um zu begreifen, warum so viele von Brooklyn schwärmen. Der schmale **Parkstreifen hoch über dem East River** bietet einen Panoramablick wie im Film. Auf der anderen Seite des Flusses erhebt sich die Skyline des Bankenviertels von Downtown Manhattan, gleich daneben öffnet sich die Bucht von New York, in der die Freiheitsstatue in den Himmel ragt. Sehr romantisch, nicht nur abends.

Eingang Clark St, Ecke Columbia Heights • Subway Clark St (2, 3)

✲ Cynergy Spa

Im Cynergy Spa wird man mit einem Lächeln, einem warmen Handtuch und köstlichem Zimttee begrüßt, es riecht himmlisch in den Räumlichkeiten. Hier findet Ihr neben der **Entspannung** Know-how und Professionalität. Nach

Ein Spaziergang im Brooklyn Bridge Park ist ein echtes Vergnügen: entspannend, an der frischen Luft und mit sensationellem Blick. →

den Behandlungen fühlt man sich wie neugeboren, und die Haut strahlt.

87 Fort Greene Place • Subway Lafayette (C) • +1 718/403 9242 • www.cynergyspa.com • ab $ 80

✲ Prospect Park

Riesiger, **eindrucksvoller Park** mit Wiesen, Bäumen, Flüsschen und Weihern: sehr gelungene Landschaftsarchitektur, die es mit dem Central Park aufnehmen kann. Toll zum Picknicken, Joggen, Fahrradfahren und Bötchen ausleihen. Im Sommer mit vielen Veranstaltungen wie Open-Air-Konzerten und Kino.

95 Prospect Park West • Subway Prospect Park (B, Q, S) • +1 718/965 8951 • www.prospectpark.org

✶ Sage Spa

Sage Spa ist eine elegante **Mini-Wellnessoase** in Park Slope mit professioneller Massage, Gesichtsbehandlungen und ganzheitlichem Ansatz in schöner, ruhiger Umgebung. Wer ein Baby erwartet oder gerade geboren hat, bekommt hier spezielle Massagen, um sich von den (zukünftigen) Strapazen zu erholen.

405 5th Ave, 2nd Floor • Subway 7 Ave (D, F, G, N, R) • +1 718/832 2030 • www.sagebrooklyn.com • Mo 10–20, Di, Do 10–21.30, Mi 10–21, Fr–So 10–20 Uhr • Facials ab $ 80, Massagen ab $ 125

↑ *Wer von den schlecht gefederten New Yorker Taxis die Nase voll hat, kann mit dem Water Taxi ganz sanft von A nach B gleiten.*

✶ Water Taxi

Mit dem Water Taxi könnt Ihr den ganzen **Tag auf dem Wasser** verbringen und Euch zu Sehenswürdigkeiten und interessanten Spots in Brooklyn und Manhattan fahren lassen, z. B. Dumbo, Wall Street, Hudson River Park, Christopher Street oder Battery Park. Und Ihr könnt aus- und einsteigen, wie Ihr möchtet.

Pier 1–Brooklyn Bridge Park, Dumbo (an der Ecke Old Fulton St und Furman St) • Subway High St (A, C) • www.nywatertaxi.com • Tgl. 10.50–16 Uhr (Abfahrt alle 45 Min.) • Tagesticket $ 30

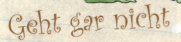

Geht gar nicht

Draußen Alkohol trinken. Die Verlockung ist groß bei den vielen Parks und Erholungsmöglichkeiten in Brooklyn. Aber mit der Polizei ist nicht zu spaßen: Es sind schon Touristen verhaftet worden, weil sie mal ein Bier auf der Wiese genießen wollten.

Über die Brooklyn Heights Promenade nach Dumbo

An der Haltestelle Borough Hall (Linie 2, 3, 4, 5) steigt Ihr aus und befindet Euch an der Cadman Plaza – während des Amerikanischen Unabhängigkeitskriegs befand sich hier das Hauptquartier des Generals und späteren Präsidenten George Washington. Ihr geht die Montague Street hinunter, eine hübsche Einkaufsstraße; hier lebte Bob Dylan in einem Kellergeschoss. Rechts und links der Montague Street gehen weitere malerische Straßen ab mit mondänen historischen Reihenhäusern, die von altem Reichtum zeugen. Auch berühmte Schriftsteller wie Norman Mailer und Truman Capote lebten hier, bis heute ist die Gegend bei Schriftstellern beliebt.

Am Ende der Montague Street biegt Ihr rechts in die Pierport Plaza ein, geht auf der Pierport Street wenige Meter, bis Ihr links die Brooklyn Heights Promenade (S. 161) mit ihren sensationellen Wohnhäusern und dem schönen Panoramablick über das Wasser nach Manhattan erreicht. Hier biegt Ihr rechts ab und bummelt sie bis zu ihrem Ende entlang. Weiter geht es nach Dumbo über die Columbia Heights und die Water Street: Lasst Euch durch die kleinen Straßen treiben.

Dumbo ist eine aufstrebende und mittlerweile sehr teure (Wohn-)Gegend direkt zwischen der Brooklyn Bridge und der Manhattan Bridge mit urbanem Charme. Viele erfolgreiche Künstler und wohlhabende Menschen leben in den Fabriklofts zwischen East River und »Housing Projects«, den New Yorker Sozialwohnungsblocks. Viele Filme werden dort gedreht, denn Dumbo wirkt mit seinem Kopfsteinpflaster, den hohen Brückenpfeilern, dem industriellen Charme vergangener Zeiten und dem nahen Fluss mit dem schönen neuen Park wie eine Kulisse am Ende der Main Street. In diesem Park entlang des East River lassen sich chinesische Hochzeitspärchen fotografieren, mit der Skyline Manhattans im Hintergrund. Wer will da noch in Las Vegas heiraten?

Ausgehen

So mancher Hit aus der Indie-Szene entstand hier: Williamsburg in Brooklyn. Seit den 90ern ziehen Künstler, Studenten und Musiker hierher. Mittlerweile ist es fast so teuer wie in Manhattan. Die Aufbruchsstimmung, die durch den intellektuellen und künstlerischen Einfluss entstand, wich nach und nach Mietern, die einfach mehr Geld haben: Auch viele »rich kids«, Kinder reicher Eltern, »kaufen« sich diesen hippen Lebensstil. Viele Kreative sind weitergezogen, dahin, wo sie günstiger leben und arbeiten können, nach Bushwick, Fort Greene oder Bedford-Stuyvesant. Zum Ausgehen ist Brooklyn und insbesondere Williamsburg mit seiner vielseitigen Musik- und Clubszene und seinen Bars und Restaurants weiterhin ein aufregender Ort.

✷ Black Bear Brooklyn

Lokale Indie-Größen geben Konzerte in der industriell anmutenden Halle mit echtem Teich. Es wird auch getanzt: **Techno und Elektro** von internationalen Top-DJs.

70 North 6th St • Subway Bedford Ave (L) • +1 347/844 9149 • www.blackbearbk.com • Tgl. 17–4 Uhr

✷ Bohemian Hall & Beer Garden

Beliebter **böhmischer Biergarten** in Astoria, dem niedlichsten Teil von Queens. Livemusik, Biertische, Stimmung, Bratwürste und Sauerkraut. Genau das Richtige an einem lauen Sommertag oder -abend.

2919 24th Ave • Subway Astoria Blvd (N, Q) • +1 718/274 4925 • www.bohemianhall.com • So–Do 17–1, Fr 17–3, Sa 12–3 Uhr

✷ Brooklyn Bowl

Nostalgisch und hip zugleich ist dieser beliebte **Club mit Bowlingbahn**, Bar und leckerem Kneipenessen wie in einem Diner aus den 50ern. Wenn Ihr gemütlich etwas trinken und dabei eine Band sehen wollt, ist dies der richtige Ort.

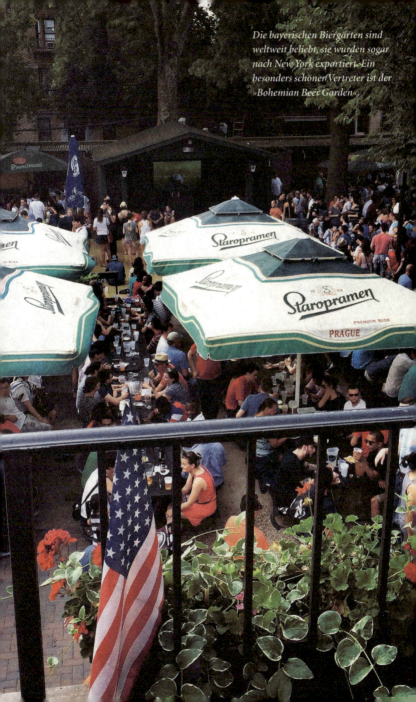

Die bayerischen Biergärten sind weltweit beliebt, sie wurden sogar nach New York exportiert. Ein besonders schöner Vertreter ist der »Bohemian Beer Garden«.

Wer hätte gedacht, dass Bowlen hip sein kann? Im »Brooklyn Bowl« ist es das. Vielleicht liegt das an den megaheißen Bands, die hier auftreten.

61 Wythe Ave • Subway Bedford Ave (L) • +1 718/963 3369 • www.brooklynbowl.com • Mo–Mi 18–0, Do, Fr 18–2, Sa 12–2, So 12–0 Uhr

✴ Der Schwarze Kölner

Der Name der luftigen Kneipe stammt von Dale, einem Deutschen britischer Abstammung. Ein großer, schwarzer Typ mit tiefer Stimme und trockenem Humor. Er und Geschäftsführerin Sabine aus Bayern haben diese wunderschöne Bar eröffnet und daraus einen beliebten Treffpunkt für Leute aus der bunten Nachbarschaft Fort Greenes gemacht, mit viel Liebe zum (deutschen) Detail, aber ohne Prollfaktor. Die Kneipe überzeugt durch eine riesige Auswahl an **Bieren aus Deutschland**.

↑ *Mal wieder deutsch reden? Im »Schwarzen Kölner« geht das! Zumindest, wenn Dale oder Sabine Schicht haben.*

710 Fulton St • Subway Lafayette Ave (A, C), Fulton St (G), Atlantic Ave (B, Q) • +1 347/841 4495 • www.dsk-brooklyn.com • Mo 17–1, Di–Mi 15–1, Do 15–2, Fr 15–4, Sa 14–4, So 14–1 Uhr

✴ Diamante's

Rauchen verboten? Nicht in Diamante's Brooklyn Cigar Lounge, wo man in Ruhe **Zigarren, Zigaretten und Pfeife rauchen** kann! Dazu etwas lesen und einen schönen schweren Rotwein genießen. Die Cigar Lounge ist ein familiärer Ort, ausgestattet wie ein plüschiges, herrschaftliches Wohnzimmer. Man kann sich gemütlich hinter einer Zeitung verstecken oder mit dem Nachbarn scherzen.

108 South Oxford St • Subway Lafayette Ave (A, C), Fulton St (G), Atlantic Ave (B, Q) • +1 646/462 3876 • www.brooklyncigarlounge.com • Mo–Do 17–0, Fr 17–2, Sa 13–2, So 13–0 Uhr

✻ Glasslands

Eine umgebaute Lagerhalle, die **Club, Galerieraum und Konzerthalle** in einem ist. Vom Balkon lassen sich das illustre Publikum oder interessante aufstrebende Bands beobachten. Das Soundsystem ist neu und gut.

289 Kent Ave • Subway Bedford Ave (L) • www.theglasslands.com • So–Mi 20.30–0, Do 20.30–2, Fr, Sa 20.30–4 Uhr • ab $ 10

✻ Habana Outpost

Perfekt für einen Sommertag oder -abend! Genießt eine Margarita im quirligen Hof und esst dazu einen **kubanischen Snack** in Bio-Qualität; auch Vegetarier sind begeistert. Gute Alternative zum herkömmlichen Biergarten!

757 Fulton St • Subway Lafayette Ave (C) • +1 718/858 9500 • www.habanaoutpost.com • Mo–Do 12–0, Fr–So 11–0 Uhr

✻ Hot Bird

Bar in einer alten Tankstelle. Hier trinken die Coolen entspannt ihr Bier. Wenn es warm ist, bringen die Gäste Picknickkörbe mit und lassen es sich im schönen Innenhof gut gehen.

546 Clinton Ave • Subway Clinton–Washington Ave (A, C) • +1 718/230 580 • Mo 17–2, Di–Sa 16–4, So 14–2 Uhr

✻ Music Hall of Williamsburg

Die Kult-Indie-Band LCD Soundsystem hat hier bewusst das erste Konzert ihrer Abschiedstour gespielt, denn der Ort ist Kult, die Akustik exzellent und der Vibe gut. Ein kleiner, sehr **entspannter Club** mit Sitzmöglichkeiten, einer Lounge und erhöhten Ebenen, wo sich die Besucher ebenfalls aufhalten können.

66 N 6th St • Subway Bedford Ave (L) • +1 718/486 5400 • www.musichallofwilliamsburg.com • Tgl. 19–2 Uhr • ab $ 20

✻ Output

Großer **House- und Techno-Club**; viel Elektro auf mehreren Levels und mit ausgezeichnetem Sound. Besucht die

---

𝒟on't miss

Bier einer amerikanischen Mikrobrauerei: Im Gegensatz zum schlechten Ruf der amerikanischen Industriebiere sind diese abwechslungsreich und meist sehr gut! Besonders gern getrunken: die Biere der Brooklyn Brewery.

Dachterrasse des Clubs! Im Dunkeln breitet sich die funkelnde Skyline New Yorks aus.

74 Wythe Ave • Subway Bedford Ave (L) • www.outputclub.com • ab $ 20

✳ Radegast Hall & Biergarten

Deutscher **Biergarten** goes Brooklyn: ellenlange Biertische, köstliches Gezapftes frisch vom Fass und Leckereien mit Sauerkraut in einer Halle aus Ziegeln, Glas und Gusseisen. So cool kann Tradition sein!

113 North 3rd St • Subway Bedford Ave (L) • +1 718/963 3973 • www.radegasthall.com • Mo–Do 12–2, Fr 12–3, Sa 11–3, So 11–2 Uhr

✳ The Bell House

Eine gewölbeähnliche Halle mit Kronleuchter lässt an ein feines Steakhouse aus den 20ern denken. Bistrotische mit Kerzenlicht, Sessel und ein Büffelkopf kreieren eine heimelige Atmosphäre. Steaks gibt es auch zu speziellen Anlässen, ebenfalls spannende Bands, Comedy, Clubnächte oder einfach ein paar Cocktails an der ruhigeren Bar. Hier findet eine der besten **Hip-Hop-Partys** New Yorks statt: »The Rub«.

149 7th St • Subway Smith–9 St (F, G) • +1 718/643 6510 • www.thebellhouseny.com • Tgl. 17–4 Uhr • Eintritt oft frei, sonst ab $ 10

✳ Verboten

Die New York Times hat das Verboten in Williamsburg als einen der coolsten Clubs New Yorks beschrieben: Es sei so cool wie ein Club in Berlin! **House, Techno, Drum 'n' Bass** und Livemusik sind hier vom Feinsten und spritziger als in manchem Club in Manhattan. Extragroße Tanzfläche, modernstes Soundsystem, industrieller Charme.

54 North 11th St • Subway Bedford Ave (L), Nassau Ave (G) • +1 347/223 4732 • www.verbotennewyork.com • Mo, Di 18–22, Do 10–4, Fr 23–5.30, Sa 24–5.30, So 24–12 Uhr • Eintritt oft frei, sonst ab $ 20

Don't miss

In Williamsburg, Fort Greene oder Park Slope ausgehen. Selbst wenn Ihr nur kurz in New York seid, solltet Ihr Euren Besuch nicht auf Manhattan beschränken: Ihr würdet etwas verpassen.

Übernachten

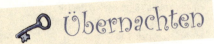

Brooklyn sollte auf keinen Fall zweite Wahl nach Manhattan sein, und nicht nur, wenn es ums Übernachten geht! Neben hübschen Bed-and-Breakfast-Pensionen, die immer schon ein Geheimtipp waren, finden sich immer mehr Hotels für jeden Geschmack. Ob hipp und individuell ausgestattet, zurückgenommen elegant oder einfach nur funktionell, ob Ausgangspunkt für Exkursionen nach Manhattan oder Mittelpunkt einer Community in Brooklyn: Hotelzimmer in Brooklyn sind nicht nur günstiger, sondern auch großzügiger als im oft beengten Manhattan. Da es in Brooklyn viel zu entdecken gibt, lohnt sich also dort eine Übernachtung. Queens bietet dagegen weniger Vielfalt, dafür aber praktische Motels und Hotels in Flughafennähe (JFK).

✻ Akwaaba Mansion

Persönlich, charmant und stilvoll: Dieses wahrlich **königliche Bed and Breakfast** liegt in Bed-Stuy, wo der Rapper The Notorious B.I.G. aufgewachsen ist. Das Herrenhaus aus dem 19. Jahrhundert ist mit Stilmöbeln eingerichtet und hat ein bemerkenswertes Flair. Jedes Zimmer ist individuell und elegant, das Frühstück üppig. Mit Wellnessbereich. Es gibt auch Ferienwohnungen.

347 MacDonough St • Subway Kingston–Throop (A, C) • +1 718/ 455 5958 • www.akwaaba.com • DZ ab $ 140

Don't miss

Über www.airbnb.com eine Privatwohnung in Park Slope, Greenpoint oder Williamsburg mieten – Ihr werdet das Gefühl haben, ein echter Brooklyn-Insider zu sein.

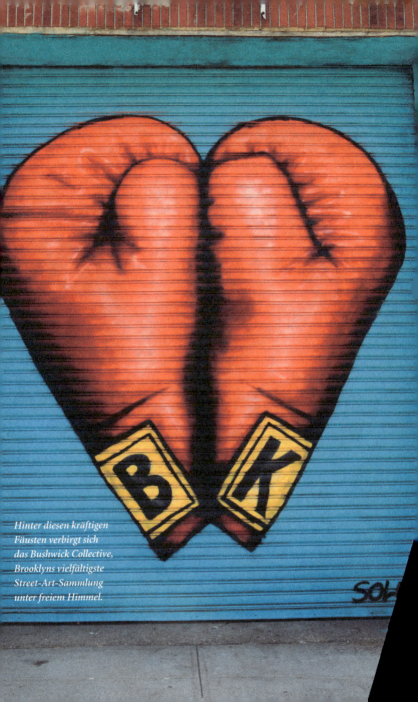

Hinter diesen kräftigen Fäusten verbirgt sich das Bushwick Collective, Brooklyns vielfältigste Street-Art-Sammlung unter freiem Himmel.

✵ Aloft

Dieses **modern designte Hotel** in Brooklyn liegt fünf Minuten von der Brooklyn Bridge entfernt. Sehr gute Verkehrsanbindung, kostenloses WLAN, Restaurant und Snackbar. In nur zwei Minuten zu Fuß erreicht Ihr die U-Bahn und Straßen, wo Ihr shoppen oder essen gehen könnt. Das Brooklyn Museum und das New York Transit Museum liegen nur fünf Häuserblöcke entfernt.

216 Duffield St · Subway Hoyt St (2, 3), Jay St–Metro Tech (A, C, F, R), DeKalb Ave (B, Q, R) · +1 718/256 3833 · www.aloftnewyorkbrooklyn.com · DZ ab $ 200, Zimmer mit je zwei Doppelbetten ab $ 60/Pers.

✵ Box House Hotel

Hippes, stylisches Hotel mit moderner Kunst und viel individuellem Ambiente, in der Nähe netter Bars und Restaurants. **Große Lofts** mit großen Fenstern, einem 42-Zoll-Flachbild-TV und WLAN, teilweise mit Küche. Die U-Bahn erreicht Ihr in zehn Minuten zu Fuß. Einige Zimmer mit Balkon und Blick auf Manhattan. Fitnesscenter.

77 Box St · Subway Greenpoint Ave (G), Vernon Blvd (7) · +1 718/ 383 3800 · www.theboxhouse hotel.com · DZ ab $ 200

↓ *Die Williamsburg Bridge führt auf dem kürzesten Weg von Brooklyn nach Manhattan.*

✵ Condor Hotel

Klassisches amerikanisches Frühstück, gratis Internet, angenehmer Aufenthaltsraum und nette Terrasse mit kleinen Tischen. Die Zimmer sind großzügig, viele mit kleinem **Balkon und Kochecke**. 10 bis 15 Minuten Laufentfernung zur U-Bahn. Manhattan ist nicht allzu weit weg, sogar zu Fuß über die Williamsburg Bridge zu erreichen.

56 Franklin Ave · Subway Flushing Ave (G) · +1 718/526 6367 · www.condorny.com · DZ ab $ 110

✶ Hotel Le Bleu

Das Le Bleu ist ein vergleichsweise **kleines Hotel**, im schönen Park Slope gelegen, mit Dachbar. Die vorherrschende Farbe ist Blau, und die Beleuchtung taucht das Hotel in leuchtende Meeresfarben. Moderne Zimmer, zum Teil mit Aussicht auf die New Yorker Skyline.

370 4th Ave • Subway 9 St (D, N, R) • +1 718/625 1500 • www.hotel lebleu.com • DZ ab $ 75

✶ NU Hotel

In der Nähe vieler Shops und Restaurants liegt dieses **ökofreundliche Hotel**. Böden aus Kork und Bettwäsche aus Biobaumwolle werden mit riesigen Flatscreen-TVs kombiniert. Ihr könnt Fahrräder und iPads ausleihen, WLAN ist gratis und die Tapas in der Lobbybar schmecken köstlich.

85 Smith St • Subway Hoyt–Schermerhorn St (A, C, G) • +1 718/852 8585 • www.nuhotel brooklyn.com • DZ ab $ 149

New York von A bis Z

Anreise

Vor der Reise müsst Ihr eine elektronische ESTA-Anmeldung durchführen, die danach zwei Jahre gültig ist. Für die Bezahlung braucht Ihr eine Kreditkarte ($ 14). Beim Check-in am Flughafen müssen das Land des Hauptwohnsitzes und die erste US-Adresse (Hotel, Mietwagenstation) angegeben werden. Deutsche, Österreicher und Schweizer können sich als Touristen oder Geschäftsreisende bis zu 90 Tage ohne Visum in den USA aufhalten, wenn sie mit einer regulären Flug- oder Schifffahrtsgesellschaft ankommen und ein Rückflugticket, das höchstens 90 Tage gültig ist, vorweisen (www.usa.de, www.us-botschaft.de). Ihr benötigt zudem einen gültigen Reisepass.

→ Mit dem Flugzeug

Die meisten Auslandsflüge landen auf dem John F. Kennedy International Airport (JFK) in Queens. Am Ground Transportation Center bei der Gepäckausgabe könnt Ihr den Shuttlebus des New York Airport Service nach Manhattan buchen ($ 15, alle 20–30 Min., Fahrzeit 60–75 Min., hin und zurück $ 27, Tel. +1 718/875 8200, www.nyairportservice.com).

→ Das Taxi braucht 60 bis 75 Min., kostet von JFK nach Manhattan pauschal $ 45 *(flat rate)* zzgl. Brückenmaut *(toll)* und 15 bis 20 Prozent Trinkgeld *(tip)*. Achtung: Die offiziellen Taxis sind die gelben Yellow Cabs. Die Black Cabs haben keinen Taxameter.

→ Die U-Bahn (Subway) ist am günstigsten. Ihr nehmt vor dem Terminal den Air-Train ($ 5, Fahrzeit 12 Min., www.panynj.gov) bis zur Station Howard Beach und steigt dort in den A-Train nach Manhattan um (Metro Card ca. $ 2, Fahrzeit ca. 1,5 Stunden).

→ Für den Rückflug nur die (Express-)Züge »A« in Richtung Far Rockaway–Mott Avenue oder Rockaway Park Beach nehmen (bis zur Station Howard Beach–JFK Airport).

Newark Liberty International Airport (EWR), New Jersey:
→ AirTrain bis NJ Transit und Amtrak, dann weiter zur Penn Station ($ 11.15, Fahrzeit 45–60 Min., Tel. +1 800/626 7433).
→ Der Olympia-Trails-Bus fährt alle 15 bis 20 Minuten nach Midtown Manhattan (Fahrzeit 60 Min.) und kostet $ 11 bis 16 (Tel. +1 212/964 6233, www.airtrainnewark.com).
→ Das Taxi braucht etwa 60 Minuten und kostet ca. $ 55, zuzüglich 15 Prozent Trinkgeld und 15 Prozent Zuschlag von New York aus.

Nationale Flüge landen zumeist am La Guardia Airport (LGA) in Queens.
→ Mit dem Bus: NY Airport Express (jeweils $ 10–13, ca. 50 Min. Fahrzeit)
→ Mit dem Gray Minibus nach Manhattan ($ 13–19, ca. 60 Min.)
→ Mit dem Taxi: nach Manhattan ca. $ 30, ca. 45 Min.

Deutsches Generalkonsulat
871 United Nations Plaza
Subway 51st St (6, E, F)
+1 212/610 9700, für Notfälle: +1 212/298 4000, Fax +1 212/610 9702,
www.germany.info
Mo–Fr 9–12 Uhr

Feiertage und Feste

Januar

→ New Year's Day
Der New Year's Day beginnt am 1. Januar um Mitternacht mit einem offiziellen Feuerwerk. Am Times Square versammeln sich viele New Yorker, um in das neue Jahr zu feiern. Tagsüber finden in den größeren Städten Paraden statt, außerdem werden Footballspiele der Profiliga auf den New Year's Day gelegt.

→ Martin Luther King Jr. Day
Ein typisch amerikanischer Feiertag, der am dritten Montag des Jahres gefeiert wird. Gedacht wird an diesem Feiertag dem Wirken des Mannes, der sich für die Rechte der schwarzen Bevölkerungsminderheit in den USA eingesetzt hat und dies mit seinem Leben bezahlen musste.

→ New York City Restaurant Week
Über 300 Restaurants bieten mehrgängige Menüs zu besonders günstigen Preisen an.

→ Chinese Lunar New Year
Chinesisches Neujahrsfest, das mit roter Kleidung und großem Feuerwerk gefeiert wird. Rot bedeutet Feuer, das alles Pech vertreiben soll.

Februar

→ Washington's Birthday / President's Day
→ Groundhog Day
Der Murmeltiertag am 2. Februar jedes Jahres wird in New York als Volksfest gefeiert. An diesem Tag wird das Fortdauern des Winters vorhergesagt: Wirft das Murmeltier Staten Island Chuck, das im Staten Island Zoo lebt, einen Schatten, dauert der Winter noch sechs Wochen an.

→ Fashion Week
Modewoche für Damen- und Herrenmode. Sie ist eine der wichtigsten und meistbeachteten Veranstaltungen dieser Art weltweit. Der Termin wechselt jährlich (www.fashionweekdates.com).

→ Westminster Kennel Club Dog Show
Berühmte Hundeshow im Madison Square Garden (www.westminster kennelclub.org).

März und April

→ St Patrick's Day und St Patrick's Day Parade
Enthusiastisch am 17. März von den New Yorkern gefeiert, die dann auch gerne die irische Nationalfarbe Grün tragen. Die vielen Irish Pubs sind dann ziemlich voll.

Die Parade startet in der 44. Straße um 11 Uhr auf der Fifth Avenue und geht bis zur 79. Straße. Irische Gruppen in (meist grünen) Trachten gedenken ihrem Nationalheiligen St. Patrick.

→ **Easter Parade**

Wer lustige Hüte sehen möchte, darf die Parade am Ostersonntag nicht verpassen. Fifth Avenue, von der 49. zur bis 57. Straße und drumherum, 10–16 Uhr. Die St. Patrick's Cathedral ist ein guter Platz, um die Parade anzuschauen.

Mai

→ **Memorial Day**

Auf den letzten Montag im Mai fällt mit dem Memorial Day ein weiterer der typisch amerikanischen Feiertage. Es wird den Gefallenen gedacht, die im Dienst an der Waffe für ihr Land ihr Leben ließen. Die Veteranenfriedhöfe werden mit Fahnen geschmückt und die Flaggen an öffentlichen und privaten Häusern bis zum Mittag auf Halbmast gehisst.

→ **Fleet Week**

Seit 1984 kann man in dieser Woche Militärschiffe besichtigen. Netter Nebeneffekt: Die ganze Stadt ist voll hübscher Matrosen in weißen Anzügen.

Juni

→ **Museum Mile Festival**

Großes Event und Straßenfest, an dem die meisten Museen freien Eintritt gewähren und viele Aktionen für Jung und Alt bieten (www.museummilefestival.org)

→ **Mermaid Parade**

Wer ist die schönste Meerjungfrau? Schrille Parade in Coney Island mit grandiosen Verkleidungen Mitte bis Ende Juni.

Juli

→ **Independence Day**

Am 4. Juli wird der wichtigste aller Feiertage der USA gefeiert. Der Independence Day erinnert an die Erklärung der Unabhängigkeit von England und damit die Staatsgründung. Familien finden sich zu typisch amerikanischen Aktivitäten wie Barbecue und Baseball schauen zusammen. Viele amerikanische Haushalte hissen an diesem Feiertag die Flagge.

September
→ Labor Day
Am ersten Montag im September wird in den USA der »Tag der Arbeit« gefeiert. Ursprünglich wurde dieser Feiertag zu Ehren von Gewerkschaften eingeführt, inzwischen hat er jedoch seine politische Bedeutung eingebüßt. Es ist vor allem ein Ruhetag, an dem häufig die Footballsaison beginnt.
→ Fall Fashion Week
Selbst wer keine VIP-Einladung in ein Zelt mit Modenschau am Bryant Park ergattern konnte, kann in dieser Woche in ganz Manhattan Models in atemberaubend hohen High Heels sehen (Termine unter www.fashionweekdates.com).

Oktober
→ Columbus Day
Einer der kontroversesten Feiertage in den USA ist der Columbus Day am zweiten Montag im Oktober, an dem die Entdeckung Amerikas gefeiert wird. Die Zerstörung von Kultur und Lebensweise der Indianer führt zu Diskussionen, ob man diesen Tag feierlich begehen sollte.

November
→ Veterans Day Parade
Am 11. November gefeiert, erinnert der »Tag der Veteranen« an den Waffenstillstand, der 1918 den Ersten Weltkrieg beendete. Es wird den amerikanischen Veteranen aller Kriege gedacht, oft wird um 11 Uhr eine Schweigeminute eingelegt. Die amerikanische Flagge weht auf Halbmast.
→ Thanksgiving Day
Thanksgiving wird am vierten Donnerstag im November gefeiert und entspricht dem Erntedankfest. Man dankt für das, was man hat und was auf den Tisch kommt, u. a. ein Truthahn mit *cranberry sauce*, als Dessert Kürbiskuchen. Wird in den USA größer gefeiert als Weihnachten.
→ Macy's Thanksgiving Day Parade
An Thanksgiving veranstaltet das Kaufhaus »Macy's« seit 1924 seine berühmte Parade, die besonders für ihre riesigen Aufblasfiguren aus Zeichentrickfilmen bei Kindern beliebt ist. Die Parade startet an der Ecke der 145th Street und der Convent Avenue und führt zur 34th Street am Herald Square (http://social.macys.com/parade).

Dezember
→ **Christmas Day**
Weihnachten feiern die Amerikaner am 25. Dezember tagsüber, weshalb er dort als »Christmas Day« bezeichnet wird. Ansonsten sind die Traditionen den deutschen sehr ähnlich: Die Familie kommt zusammen, ein Weihnachtsbaum wird in den meisten Haushalten aufgestellt und geschmückt, und Truthahn landet auf dem Teller.
→ **Silvester**
Großes Silvesterfest am Times Square – ganz ohne Alkohol!

Fremdenverkehrsämter

Die Zentrale von NYC & Company, dem offiziellen Fremdenverkehrsbüro von New York City, informiert umfassend über die Stadt. Zur schnellen Beratung stehen überall Kioske bereit. Dort bekommt Ihr auch Rabattcoupons und Gutscheine für Sehenswürdigkeiten und Theatervorstellungen.

→ Official NYC Information Center – Midtown: 810 7th Ave, Subway 7 Ave (B, D, E), 50 St (1), 49 St (N, R, W), +1 212/484 1222, Mo–Fr 8.30–18, Sa, So 9–17, an Feiertagen 9–15 Uhr
→ Official NYC Information Center – Times Square Alliance: 7th Avenue (zwischen West 46th and West 47th Sts), Subway 42 St–Times Sq (1, 2, 3, 7, N, Q, R, W), +1 212/484 1222, tgl. 9–19 Uhr (außer Weihnachten und Silvester)
→ Official NYC Information Center – Harlem: The Studio Museum in Harlem, 144 West 125th St, Subway 125 St (A, B, C, D) oder 125 St (2, 3), +1 212/222 1014, Mo–Fr 12–18, Sa, So 10–18 Uhr, an Feiertagen geschl.
→ Official NYC Information Center – Federal Hall: 26 Wall St (zwischen William und Nassau Sts.), Subway Broad St. (J, M, Z), Wall St (2, 3, 4, 5), +1 212/484 1222, Mo–Fr 9–17 Uhr (außer an gesetzlichen Feiertagen)
→ Official NYC Information Kiosk – City Hall: Südlich des City Hall Park bei Park Row, Subway Park Pl. (2, 3), Brooklyn Bridge/City Hall (4, 5, 6), City Hall (R, W), Broadway–Nassau St (A, C), World Trade Center (E), Fulton St (J, M, Z), +1 212/484 1222, Mo–Fr 9–18, Sa, So 10–17 Uhr
→ Official NYC Information Kiosk – Chinatown: Im Dreieck Canal/Walker/Baxter St, Subway Canal St (6, N, Q, R, W, J, M, Z), +1 212/484 1222, tgl. 10–18 Uhr
→ NY State Division of Tourism: interessante Infos auf Deutsch, www.nylovesu.de
→ Times Square Information Center: Infos, Metro Cards, Broadwaytickets und Briefmarken, 1560 Broadway, Subway 42 St (1, 2, 3, 7, N, R), +1 212/869 1890, www.timessquarenyc.org, tgl. 8–20 Uhr

Fundbüro

Die Wahrscheinlichkeit, in New York etwas Verlorenes wiederzufinden, ist ziemlich gering. Denn es gibt kein Fundbüro für ganz New York. Je nachdem, wo in New York Ihr etwas verloren habt, solltet Ihr die entsprechenden Fundbüros aufsuchen. Fragt in Eurem Hotel nach, wo Ihr am besten mit der Suche nach dem verloren gegangenen Gegenstand beginnen sollt.

→ **Flughafen**
Bei den diversen Fluggesellschaften oder unter +1 718/476 5128

→ **Yellow Taxi**
+1 212/869 4513 oder +1 212/840 4734
Tipp: Merkt Euch immer die Nummer Eures Taxis. Dann könnt Ihr genau angeben, in welchem Wagen Ihr den Gegenstand verloren habt.

→ **Eisenbahn**
Grand Central Station: +1 212/340 2571; Pennsylvania Station: +1 212/239 6193; U-Bahn und Bus: +1 718/625 6200

→ **Überlandbus**
New York Port Authority Bus Terminal +1 212/466 7000, -219,
Sa, So +1 212/564 9523, -219

Geld

Stand: Januar 2015
1 Euro = 1.19 US-Dollar, 1 US-Dollar = 83 Cent
1 US-Dollar = 100 US-Cent
Scheine *(bills)*: 1, 5, 10, 20, 50, 100 Dollar
Münzen *(coins)*: 1, 5, 10, 25, 50 Cent und 1 Dollar
Andere Bezeichnungen: *penny* (1 Cent), *nickel* (5 Cent), *dime* (10 Cent), *quarter* (25 Cent), *buck* (1 Dollar).
Das populärste Zahlungsmittel sind Kreditkarten, v. a. Visa, auch Mastercard, seltener American Express.
Mit ec-Karten mit Maestro-Zeichen könnt Ihr an Geldautomaten (ATM) Geld abheben (ATM gibt es in allen Banken und in vielen Delis). Fragt bei Eurer Bank nach, ob es ein Partnerinstitut gibt, bei dem Ihr kostenlos abheben könnt. Fast alle zentral gelegenen Banken (Mo–Fr 9–15 Uhr) tauschen Devisen, die Bearbeitung ist oft teuer. Bei der Ankunft solltet Ihr etwas Geld (50 bis 100 Dollar in kleinen Scheinen) haben, um Taxi, Busse oder Gepäckträger bezahlen zu können. Taxifahrer sind nicht verpflichtet, auf Geldscheine herauszugeben, die größer sind als 20 Dollar.

Gesundheit

Für die USA solltet Ihr eine Auslandskrankenversicherung abschließen: Erstens sind sie nicht teuer, zweitens übernehmen deutsche Krankenkassen meist die Kosten im Krankheitsfall nicht. Die Notaufnahmen der Krankenhäuser *(emergency rooms)* sind grundsätzlich verpflichtet, alle Patienten zu behandeln. Üblich ist allerdings, dass vor der ärztlichen Behandlung die Vorlage einer Kreditkarte verlangt wird.

Empfehlenswert ist das Travelers Medical Center (952 Fifth Ave, Suite 1D, +1 212/737 1212, www.travelmd.com), ein anerkannter (zahn-)ärztlicher Notdienst, der rund um die Uhr geöffnet ist und auch Hausbesuche macht.

Die meisten Apotheken haben von 9–18, einige aber auch bis 21 oder 24 Uhr geöffnet. Einen organisierten Nachtdienst wie in Deutschland gibt es in Amerika nicht. Benötigt Ihr dringend Hilfe, so wendet Euch an die Krankenhäuser, die alle eine eigene Apotheke haben.
Rund um die Uhr geöffnet ist folgende Apotheke: Kaufman Pharmacy, Ecke 50th St und Lexington Ave, Subway 51st St (6), +1 212/755 2266

Internet

Natürlich bieten auch in New York fast alle Hotels kostenloses WLAN an bzw. stellen Computerstationen für ihre Gäste zur Verfügung. Außerdem gibt es in zahlreichen Cafés WLAN.

Klima / Reisezeit

New York liegt etwa auf demselben Breitengrad wie Neapel. Normalerweise herrscht in New York heiteres Wetter (250–300 Sonnentage pro Jahr). Tiefdruckgebiete ziehen meist rasch durch, und Hochdruckgebiete sind sehr beständig. Schnee fällt eigentlich nie vor Januar. Die schönsten Monate, um New York zu besuchen, sind Mai und Juni sowie September und Oktober. In den schwülen Hochsommermonaten ist es in den Häuserschluchten von Manhattan ohne Klimaanlage unerträglich. Das aktuelle Wetter kann unter folgender Telefonnummer abgerufen werden: +1 212/976 1212

New York im Internet

→ Seiten mit vielen Buchungs- und Sparmöglichkeiten: www.nycgo.com, www.newyork.de, www.nycinsiderguide.com
→ Tourismusseite für New York State: www.iloveny.com
→ Tourismusseite für die USA: www.discoveramerica.com
→ Kultur, Veranstaltungen, Restaurants, Hotels: www.timeout.com, www.villagevoice.com/calendar
→ Tipps und Infos: www.newyork.de, www.nyc-guide.de

Wenn man auf dem Laufenden bleiben möchte, was in New York an Veranstaltungen, Eröffnungen und in der Restaurant-, Bar- und Clubszene passiert, sollte man sich folgende Newsletter abonnieren: www.nycgo.com, www.nonsensenyc.com

New York Pass

In New York gibt es mehr zu sehen, als man bewältigen kann. Eintrittspreise sind oft hoch und die Warteschlangen sehr lang. Der New York Pass ist eine Touristenkarte, mit der Ihr viel Geld und Euch das ewige Anstehen durch den Fast-Track-Vorteil sparen und über 60 Sehenswürdigkeiten in New York ohne zusätzliche Gebühren besuchen könnt. Darüber hinaus könnt Ihr damit über 30 verschiedene Sonderangebote nutzen. Ihr bekommt einen ausführlichen Stadtführer (176 Seiten) dazu und genaue Informationen zur Benutzung. Für 1, 2, 3, 5 oder 7 Tage. Ab $ 85. Kann vor der Reise online bestellt und zugeschickt werden.
New York Pass, Leisure Pass North America, 36 West 44th Street, Suite 1407, +1 877/714 1999, www.newyorkpass.com

Notruf

Die Notrufnummer in den USA ist 911.
Bei Krankheiten oder anderen medizinischen Notfällen: +1 800/395 3400

Sightseeing

→ New York City Hop-on-hop-off-Tours:
  Gray Line Tours, www.grayline.com
  Informationen beim Visitor Center, 777 8th Ave, Subway 50 St (C, E)
→ City Sights New York, www.citysightsny.com
  234 West 42nd St (Lobby von Mme Tussauds), Subway 42 St–Port Authority Bus Terminal (A, C, E)

Günstiger ist es übrigens, eine Stadtbesichtigung mit den Linienbussen zu absolvieren. Sie fahren *uptown* oder *downtown* (Nord–Süd) oder *crosstown* (Ost–West). Haltestellen finden sich an jedem Straßenblock.

Übernachten

Oft ist die Buchung eines Pauschalangebots mit Flug am günstigsten.
→ Hotels:
  Es lohnt sich immer, die in diesem Buch angegebenen Preise auf den Hotel-Websites bei der Reiseplanung zu überprüfen. Je nach Buchungszeitraum kann es günstiger werden.
→ Hotels in New York günstig online buchen:
  www.newyork-reise.de,
  www.nyc-guide.de
→ Bed and Breakfast:
  www.bedandbreakfast.com

Register

Straßennamen

1st Ave 100, 107
2nd Ave 73, 69, 99, 101
105, 106, 107
3rd Ave 79, 96, 97, 99,
100, 108
4th Ave 173
5th Ave 37, 55, 56, 58, 61,
62, 70, 73, 78, 90, 91, 92,
118, 162
6th Ave 23, 70
7th Ave 25, 44, 52,
152, 169
8th Ave 83
9th Ave 27, 41, 60, 64,
68, 75
10th Ave 33, 69, 83
11th Ave 33, 42
14th St 33
20th St 35
23rd St 33
24th Ave 164
25th St 147
59th St 73

Allen St 23, 35
Amsterdam Ave 118, 128,
131, 136, 139
Ave A 41
Ave C 39, 44
Avenue of the Americas 56

Barrow St 30
Battery Park 17, 20
Battery Place 17, 20, 35
Bedford Ave 157
Bergen St 151, 156
Bleecker St 22, 27, 28, 38
Boerum Place 148
Bowery 18, 35, 45
Box St 172

Broadway 20, 23, 24, 25,
67, 75, 118, 122, 124,
126, 131, 138, 139, 140,
141, 157
Brooklyn Bridge Park 162
Broome St 45

Canal St 45
Central Park 139
Central Park South 71
Central Park West 116, 119
Centre St 18
Christopher St 22
Clark St 161
Cleveland Place 27
Clinton Ave 168
Clinton St 27, 33
Columbia Heights 161
Columbus Ave 118, 122, 123,
127, 128
Columbus Circle 69, 73, 119,
123, 141
Crosby St 44

Delacorte Theater 139
Delancey St 37
Duffield St 172

East 4th St 38
East 7th St 26, 38
East 11th St 41
East 14th St 36
East 34th St 68, 82
East 39th St 83
East 41st St 72
East 42nd St 55, 67
East 50th St 79
East 55th St 77
East 58th St 82
East 59th St 60
East 60th St 106, 107
East 61st St 110

East 63rd St 92, 110
East 64th St 108
East 70th St 92
East 76th St 98, 106, 110
East 77th St 98
East 81st St 98, 100, 101
East 84th St 105
East 85th St 104, 106
East 87th St 110
East 89th St 106
East 91st St 88
East 92nd St 105
East 93rd St 97, 109
East 94th St 110
East 108 St 127
East 161st St 121
East Houston St 28, 39
Eastern Pkwy 147

Fort Greene 151
Fort Greene Place 161
Fort Tryon Park 120
Franklin Ave 154, 172
Franklin St 154, 32
Fulton St 167, 168
Furman St 161, 162

Gansevoort St 33
Grand Central Station 62
Grand Concourse 120
Guernsey St 151

Houston St 23
Hudson River 134
Hudson River Park 35

Irving Pl 33, 55

Jackson Ave 148
Jane St 45

Kent Ave 168

Lafayette 23
Lafayette Ave 146, 151
Lexington Ave 52, 78, 99, 101, 102, 104
Liberty St 16
Lincoln Square 50
Little West 12th St 37

MacDonough St 170
Madison Ave 92, 94, 97, 100, 101, 109
Madison Square Park 30
Main St 158
Malcolm X Blvd 128
Margaret Corbin Drive 120

North 11th St 169
North 3rd St 152, 169
North 6th St 164, 168

Old Fulton St 146, 162
Orchard St 21, 25, 32, 41

Park Ave 68, 72, 88, 105, 107
Park Ave South 82
Pelham Bay Park 133
Pier 60 35
Pierrepont St 147
Prince St 158
Prospect Park West 162

Riverside Drive 134
Rivington St 23, 30
Rockefeller Plaza 56

Saint Marks Place 28, 39
Schermerhorn St 148
Smith St 148, 150, 173
South Elliott 158
South Oxford St 167
Southern Blvd 133, 134
Spring St 38
Stanton St 30, 36
Surf Ave 148, 157

Thompson St 24, 42
Time Warner Center 138
Tompkins Ave 154, 157
Trinity Place 21

Union Sq 33
United Nations Plaza 176

Van Brunt St 152

Wall St 18
Washington Ave 160
Washington St 25
Water St 20, 154
West 14th St 44
West 16th St 33
West 18th St 33
West 19th St 38
West 20th St 17, 33
West 23rd St 27
West 24th St 17
West 26th St 33
West 28th St 33
West 30th St 33, 78
West 32nd St 67, 72, 75, 82
West 33rd St 79
West 34th St 61
West 35th St 77
West 42nd St 70, 74, 83
West 43rd St 80
West 44th St 60, 65, 75
West 45th St 82
West 46th St 65, 67, 77, 80
West 47th St 60
West 52nd St 69
West 53rd St 56, 61
West 55th St 75
West 57th St 65, 71
West 58th St 77, 132, 134
West 62nd St 118
West 63rd St 139
West 66th St 118
West 72nd St 121, 134
West 76th St 141
West 77th St 140
West 78th St 133
West 79th St 141
West 79th St 141
West 81st St 139
West 107th St 119
West 116th St 127
West 118th St 131
West 125th St 121, 127, 136
West 135th St 126
West 156th St 134
West 249th St 134
West Broadway 44
Wythe Ave 156, 167, 169

York Ave 109

Sehenswürdigkeiten

9/11 Memorial and Museum 16

American Folk Art Museum 50
American Museum of Natural History 116
Asia Society 88

BAM – Brooklyn Academy of Music 146
Bargemusic 146
Brooklyn Historical Society Museum 147
Brooklyn Museum 147

Carnegie Hall 50
Cathedral Church of Saint John the Divine 116
Chrysler Building 52
Cooper Hewitt Design Museum 88

El Museo Del Barrio 118
Ellis Island, Immigration Museum 16
Empire State Building 52

Gagosian Gallery 17

Goethe-Institut 55
Grand Central Terminal 55
Green-Wood Cemetery 147
Guggenheim Museum 88

International Center of Photography 55

Jeffrey Tastes Food Tours 147
Jewish Museum 90
Jonathan LeVine Gallery 17

Lincoln Center for the Performing Arts 118

MoMa PS1 148
Museum of Arts and Design 118
Museum of Chinese in America 17
Museum of Modern Art 56
Museum of the City of New York 90

National Academy of Design Museum 90
Neue Galerie 91
New Museum 18
New York Public Library 56
New York Stock Exchange (NYSE) 18

New York Transit Museum 148
New-York Historical Society 119
Nicholas Roerich Museum 119
NY Aquarium 148

Rockefeller Center 56

Skyscraper Museum 18
Society of Illustrators 91
South Street Seaport 20
St. Paul's Chapel 20
Statue of Liberty 20

Tenement Museum 20
The Bronx Museum of the Arts 119
The Brooklyn Tabernacle 148
The Cloisters 120
The Dakota 120
The Frick Collection 92
The Metropolitan Museum 92
The Studio Museum 121
Trinity Church 21

Whitney Museum 92

Yankee Stadium 121

Impressum

Verantwortlich: Stephanie Iber
Illustrationen: Cornelia Seelmann, Berlin
Redaktion: Nadja Pietraszek, Konstanz
Korrektorat: Viola Siegemund, München
Layoutkonzept und Umschlaggestaltung: coverdesign uhlig, Augsburg
Layout und Satz: VerlagsService Gaby Herbrecht, Mindelheim
Repro: Repro Ludwig, Zell am See
Kartografie: Huber Kartographie, München
Herstellung: Bettina Schippel

★★★★★

Sind Sie mit diesem Titel zufrieden? Dann würden wir uns über Ihre Weiterempfehlung freuen.
Erzählen Sie es im Freundeskreis, berichten Sie Ihrem Buchhändler oder bewerten Sie beim Onlinekauf.
Und wenn Sie Kritik, Korrekturen oder Aktualisierungen haben, freuen wir uns über Ihre Nachricht an Bruckmann Verlag, Postfach 40 02 09, 80702 München oder per E-Mail an lektorat@verlagshaus.de.

Printed in Germany by cpi books

Unser komplettes Programm finden Sie unter

Die Veröffentlichung dieses Werkes erfolgt auf Vermittlung von BookaBook, der Literarischen Agentur Elmar Klupsch, Stuttgart.

Umschlagrückseite: Das Neon-Schild von »Ellen's Diner« (mauritius images, Mittenwald/Alamy)

Bildnachweis: S. 17: Jonathan LeVine Gallery; 19 o.: Shutterstock (www.shutterstock.com)/photo.ua; 19 u.: Shutterstock/lev radin; 20: Shutterstock/evantravels; 23: BLUESTOCKINGS; 25: The Dressing Room Bar & Boutique/JoyBell; 29 o.: Magnolia Bakery/Scott Frances; 29 u.: Magnolia Bakery; 34 o.: Shutterstock/pisaphotography; 34 u.: Shutterstock/Rubino, M.; 37: Shutterstock/KathyHyde; 40: Plunge Rooftop Bar & Lounge; 43: Shutterstock/littleny; 51: Shutterstock/American Spirit; 52: Shutterstock/T photography; 54 o.: Shutterstock/Kolesnikov, M.; 54 u.: Shutterstock/pisaphotography; 56: Shutterstock/meunierd; 57: mauritius images/imageBROKER; 59: mauritius images/Alamy; 61: Shutterstock/Oparin, A.; 62: mauritius images/Alamy; 66: mauritius images/Alamy; 69: mauritius images/Alamy; 71: Shutterstock/Pavone, S.; 73: Shutterstock/Jethani, R.M.; 76 o.: Shutterstock/kmichal; 76 u.: mauritius images/Alamy; 77: mauritius images/Alamy; 79: Slake; 81 o., 81 u.: Casablanca Hotel; 89 o.: Shutterstock/Neto, C.; 89 u.: Shutterstock/Entropia, LLC; 92: mauritius images/Alamy; 93 o.: Shutterstock/alexpro9500; 93 u.: Shutterstock/Pavone, S.; 95: mauritius images/Alamy; 97: Vosges; 99: Shutterstock/Brown, J.; 109: The Lowell; 111: mauritius images/Alamy; 117: Shutterstock/LehaKoK; 118: The Museum of Arts and Design/Eric Scott; 119: New York Historical Society; 120: Shutterstock/estvanik, s.; 121: Shutterstock/Silva, D.; 125 o.: Shutterstock/kuliyev, e.; 125 u.: Shutterstock/CristinaMuraca; 127: Shutterstock/Anderson, J.A.; 130 o.: Shutterstock/Rolf_52; 130 u.: Shutterstock/ValeStock; 133: Shutterstock/kuliyev, e.; 135 u.: Shutterstock/Cavalleri, R.; 135 u.: Shutterstock/Mallalieu, D.; 138: Shutterstock/Everett Collection; 139: Shutterstock/American Spirit; 141: Mandarin Oriental; 149: Brooklyn Historical Society Museum/John Halpern; 151: Shutterstock/Lin, J.S.; 152: Erie Basin; 153: Shutterstock/Zhukovsky, L.; 154: Sugarfly Alley; 159 o., 159 u.: Maison Premiere/Noah Fecks; 161: Shutterstock/pisaphotography; 162: Shutterstock/Paul Hakimata Photography; 165: Bohemian Hall & Beer Garden; 166: mauritius images/Alamy; 167: Der Schwarze Kölner; 171: Shutterstock/Zhukovsky, L.; 172: Shutterstock/daimblond

Die Deutsche Nationalbibliothek verzeichnet diese Publikation in der Deutschen Nationalbibliografie; detaillierte bibliografische Daten sind im Internet über http://dnb.d-nb.de abrufbar.

© 2015, Bruckmann Verlag GmbH, München

ISBN 978-3-7654-8727-9

In gleicher Reihe erschienen

ISBN 978-3-7654-6820-9

ISBN 978-3-7654-8233-5

ISBN 978-3-7654-8725-5

ISBN 978-3-7654-6808-7

ISBN 978-3-7654-8883-2

ISBN 978-3-7654-8727-9

ISBN 978-3-7654-8232-8

ISBN 978-3-7654-8726-2

ISBN 978-3-7654-8728-6